KB057246

아랍에미리트

UAE

제시카 힐, 존 월시 지음 · 조유미 옮김

세계의 **풍습과 문화**가 궁금한
이들을 위한 **필수 안내서**

세계 문화
여행

아랍에미리트

U A E

시그마북스
Sigma Books

세계 문화 여행 _ 아랍에미리트

발행일 2021년 1월 5일 발행
지은이 제시카 힐, 존 월시
옮긴이 조유미
발행인 강학경
발행처 시그마북스
마케팅 정제용
에디터 김은실, 장민정, 최윤정, 최연정
디자인 이상화, 김문배, 강경희

등록번호 제10-965호
주소 서울특별시 영등포구 양평로 22길 21 선유도코오롱디지털타워 A402호
전자우편 sigmabooks@spress.co.kr
홈페이지 http://www.sigmabooks.co.kr
전화 (02) 2062-5288~9
팩시밀리 (02) 323-4197
ISBN 979-11-91307-00-9 (04900)
 978-89-8445-911-3 (세트)

CULTURE SMART! UAE

아랍에미리트전도

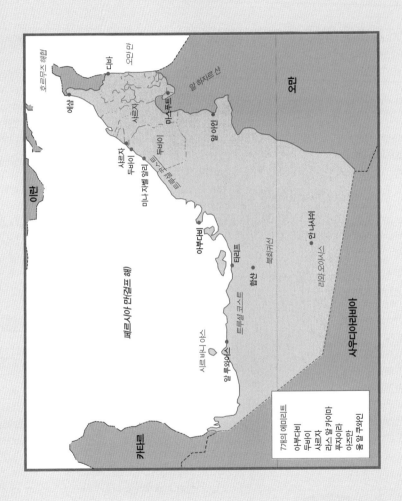

호르무즈 해협

오만 만

데바

디바

케바

알 하지르 산

오만

이란

샤르자

후자이라

칼바

코르파칸

함리

두바이

샤르자

마나마

아지만

움 알 카이와인

아부다비

페르시아 만(걸프 해)

티리프

함산

북화귀선

안 나서

리와 오아시스

사우디아라비아

시르바니스

알 루와이스

트루셜 코스트

카타르

7개의 에미리트
아부다비
두바이
샤르자
라스 알 카이마
후자이라
아지만
움 알 카이와인

차 례

아랍에미리트는 세계에서 가장 보수적인 사회 중 하나지만, 또한 가장 진보적인 나라 가운데 하나라는 점에 자부심을 느끼고 있다. 눈에 띄게 현대적인 건축물과 새로운 기술을 자랑하고 있지만 불과 50년 전만 해도 아랍에미리트가 아랍 세계와 영국 식민 제국의 주변부에 있는 매우 가난한 사막 국가였다는 점을 잊어버리기 쉽다. 오늘날 아랍에미리트의 수십억 달러의 국부 펀드를 관장하는 구세대의 에미리트인은 가혹한 유목민의 생활을 견뎌야 했고, 해마다 겨울에 내리는 비에 의존해 기근을 피하며 생존할 수 있었다. 그러나 석유를 발견하면서 이 모든 것이 변했고, 셰이크 자이드 빈 술탄 알 나흐얀(1918~2004)의 현명한 지도력 덕분에 부의 축복이 저주로 바뀌지 않을 수 있었다. 그는 오늘날까지 계속되는 관용의 정신과 사막의 전통이 현대성과 균형을 이루는 강력한 유산을 남겨놓았다.

아랍에미리트는 야망이 있고 아랍 세계에서 글로벌 리더가

되는 것을 목표로 하고 있다. 2007년 CBS의 〈식스티 미니츠 60 Minutes〉 뉴스 프로그램에서 두바이의 통치자이자 아랍에미리트의 총리인 셰이크 모하메드 빈 라시드 알 막툼과 한 인터뷰는 아랍에미리트가 정한 목표를 분명히 보여 주었다.

"아랍에미리트가 어떤 나라가 되기를 바라십니까?"라는 자신의 조국에 대한 질문에 그는 다음과 같이 대답했다.

"저는 아랍에미리트가 1등 국가가 되기를 원합니다. 중동 지역에서가 아니라 전 세계에서 말입니다. 고등교육, 건강, 주거 등 모든 측면에서 말이죠. 저는 국민들이 가장 높은 생활 수준을 누리게 하고 싶습니다."

왜 모든 것이 가장 크고, 가장 높기를 바라는지에 대해 묻자, 그는 이렇게 말했다.

"그러지 않으면 안 될 이유가 있나요?"

사업적 시도에서 시대를 앞서고 관심 분야—인공지능과 우주여행(아랍에미리트는 항공 우주국을 설립하고 2021년까지 화성에 아랍 세계의 첫 탐사선을 보낼 계획이다)에서의 혁신적인 기술을 환영하는 반면, 에미리트인은 여전히 사막과 지속적인 유대관계를 맺으며 선진국의 여러 지역에서는 쇠퇴하고 있는 강한 유대감을 갖는 가족 구조를 유지해 오고 있다. 또한 이슬람 세계의 본질

과 아랍에미리트의 여러 모스크에서 기도를 알리는 무에진(이
슬람 사원 기도 시간을 알리는 사람 - 옮긴이)의 소리와 함께 하는 일상
생활을 유지해 오고 있다.

오랜 역사를 자랑하는 아랍의 환대 문화와 함께, 이러한 다
채로운 전통과 문화는 아랍에미리트를 꼭 방문해 볼 가치가
있는 곳으로 만들고 있다. 이 책은 각 에미리트의 역사와 문화
를 소개하고 매혹적인 경험을 완전히 누릴 수 있는 길로 자연
스럽게 안내할 것이다.

공식 명칭	아랍에미리트 연합국	걸프협력회의(GCC), 석유수출국기구 (OPEC) 회원국
수도	아부다비 아부다비 에미리트의 인구는 약 290만 8천 명(남성 185만 7,618명, 여성 105만 555명)	아랍에미리트 인구의 20%가 시골에 산다.
주요 도시	두바이, 아부다비, 샤르자	
인구	989만 400명	
인구 구성	아랍에미리트의 가장 큰 비국적자 그룹은 남아시안(58%)이고, 다른 아시아인(17%)과 서양의 외국인(8.5%)이 그 뒤를 잇는다. 인구의 10%만이 아랍에미리트 국민이다.	이주 노동자의 수요에 따라 인구 구성이 달라진다. 또한 아랍에미리트는 남성과 여성의 비율이 2.2로 세계에서 가장 높은 성비 불균형을 보이고 있으며, 15~65세 사이 연령 그룹은 2.75다.
연령 구조	0~14: 21%, 15~64: 78%, 65: 1%. 15세 이상 성인의 73%가 남성이다.	
면적	83,600㎢(대한민국의 약 0.83배)	7개의 개별 에미리트로 구성됨
지리	페르시아 만을 따라 아라비아반도의 북쪽에 위치하며, 사우디아라비아, 오만과 국경을 맞대고 있다.	
지형	국토의 대부분이 사막으로 경사진 모래언덕이 많고 동쪽의 산악지대를 제외하고 대체로 평지이다.	
기후	사막 기후, 해안가는 무덥고 습하다.	
천연자원	석유, 천연가스	4% 미만의 육지가 농사에 적합하다.
통화	아랍에미리트 디르함(DRH), 미국 달러와 연동됨	1 DRH=₩317

언어	아랍어	영어를 폭넓게 이해함
종교	국교는 이슬람교. 인구의 76%가 이슬람교도로 대부분이 수니파이며, 16%가 시아파다.	
정부	7개의 에미리트 연방: 연방정부와 각 에미리트 정부 간에 권력이 분리되어 있다.	
언론	모든 에미리트에는 최소 한 개의 국영 TV 방송국과 다양한 패키지를 제공하는 여러 개의 위성방송국이 있다. 영어와 아랍어 라디오 방송을 이용할 수 있다. 언론은 부적절하거나 선정적인 내용의 방송을 금지하기 위해 통제된다.	두바이에서 발행하는 국영 신문에는 아랍어로 제공되는 〈Al Bayan〉, 〈Al Khaleej〉, 〈Al Lttihad〉가 있으며, 영자 신문에는 〈The National〉, 〈Gulf News〉, 〈Khaleej Times〉가 있다.
전압	220/240V, 50Hz	3핀형 플러그가 사용된다.
DVD/비디오	DVD 팔(PAL) 방식, 지역코드 2	
인터넷 도메인	.ae	
전화	국가번호 971	외국으로 전화를 걸 때는 00을 누르고 국가번호를 누른다.
시간	그리니치 표준시를 사용한다(한국보다 5시간 느림).	서머타임제를 적용하지 않음

01

영토와 국민

아랍에미리트는 아라비아반도 북부에 위치해 있으며, 페르시아 만을 따라 자리 잡고 있다.
국토의 대부분이 평지이고 내륙은 거의 전부 사막으로 덮여 있다.

지리적 특징

아랍에미리트^{UAE}는 아라비아반도 북부에 위치해 있으며, 페르시아 만을 따라 자리 잡고 있다. 국토의 대부분이 평지이고 내륙은 거의 전부 사막으로 덮여 있다. 동쪽으로는 최대 높이가 약 1,981m에 달하는 알-하자르 산맥을 경계로 오만과 접하고 있으며, 남서쪽으로는 529km에 이르는 면적을 사우디아라비아와 국경을 맞대고 있다. 또한 서쪽에는 페르시아 만의 작은 연안국인 카타르와 바레인이 있고 적대 관계인 이란이 바다 건너에 바로 자리하고 있다. 아랍에미리트와 이란 사이에는 많은 작은 섬들이 있는데, 이 가운데 특히 아부무사 섬과 툰브 섬(대툰브 섬과 소툰브 섬)의 영유권을 놓고 종종 양국 간의 긴장이 고조되기도 한다.

천연항이 없는 아랍에미리트에는 해안선을 따라 14개의 인공 항구가 있고, 이 중 가장 규모가 큰 곳은 제벨알리항으로 중동에서 가장 번화한 항구이다. 아랍에미리트 해역은 어류와 해양 생물이 매우 풍부하며, 하무르와 킹피시 등 지역 별미로 인기가 많은 식용어 외에도 바다거북과 돌고래, 고래상어도 볼 수 있다. 이따금 양고기나 염소고기로 단백질을 보충하는 아랍에미리트 사람들에게 생선은 과거부터 주된 단백질 공급원이었다.

아랍에미리트 내륙에는 오아시스가 자리하고 있으며, 특히 알 아인은 푸른 나무와 천연 온천으로 '정원 도시'로 유명하다. 이곳에서는 망고와 무화과 나무 외에도 대추야자 나무를 도처에서 찾아볼 수 있다. 대추야자는 다양한 형태로 모든 아랍에미리트 음식에 사용되며, 대추야자 나무의 줄기와 잎은 과거에 집을 짓는 데 사용하기도 했다.

아랍에미리트 내륙의 많은 지역에는 여전히 사람이 살지 않는데, 그렇다고 생명체가 없다는 뜻은 아니다. 매우 다양한

동식물이 사막에 살고 있기 때문이다. 하지만 내륙으로 멀리 여행하는 일은 안전하지 않을 수 있다. 전갈, 뱀, 거미와 같은 대번에 알 수 있는 위험한 사막 생물뿐 아니라 모래 폭풍으로 운전하는 게 위험할 수 있고, 비가 오는 경우에는 골짜기 와디(마른 강바닥)에 물이 갑자기 불어날 수도 있다. 사람들에게 목적지를 알리지 않거나, 또는 혼자서 사막으로 여행을 떠나는 모험을 해서는 안 된다.

아랍에미리트의 생물 다양성은 대부분 무성한 맹그로브 숲에서도 찾아볼 수 있으며, 이러한 맹그로브 숲은 아부다비에 무성하게 펼쳐져 있고, 두바이와 아랍에미리트 최북단에 위치한 라스 알 카이마 사이의 해안선을 따라서도 드문드문 모습을 나타내고 있다.

아부다비는 지리적으로 가장 큰 에미리트(이슬람 토후국 - 옮긴이)이며, 에미리트 사회를 근본적으로 바꿔놓은 석유와 가스 매장량의 대부분이 아부다비 사막과 연안 해역에 매장되어 있다. 두바이와 아부다비가 화려한 대도시로 발전한 반면, 석유로 축적한 부가 북쪽의 다른 에미리트까지는 더 천천히 흘러 들어갔다. 움 알 쿠와인과 라스 알 카이마, 아즈만에는 여전히 도로가 포장되지 않았으며 최근까지도 정전이 계속되었다. 이곳 주민들은 아부다비와 두바이의 호화로운 에미리트 빌라와는 전혀 다른 모습을 한 오래된 양식의 집에서 현재까지 살고 있다.

날씨와 기후

아랍에미리트의 기후는 대체로 덥고 건조하며, 내륙은 43℃까지 기온이 올라간다. 2002년 7월에는 사상 최고 기온인 52.1℃를 기록하기도 했다. 대부분의 여름 날씨는 이보다 훨씬 시원하지만, 뜨거운 열이 높은 습도와 치명적으로 결합하여 아랍에미리트의 여름은 타는 듯이 뜨겁고 무덥게 느껴진다. 에어컨이 아랍에미리트에 처음 들어왔을 당시 이곳 사람들에게 에어컨은 기적과도 같은 축복으로 보였을 것이다. 과거에 이들은 해안가의 습도를 피해 아부다비에서 알 아인까지 여름에 내륙으로 이동하기도 했다. 사막의 밤이 시원할 수 있지만, 실제로 시원함을 피부로 느끼려면 내륙으로 깊이 들어가야만 한다.

아랍에미리트를 방문하기 가장 좋은 시기는 11월과 3월 사이의 겨울로, 이 기간에는 기온이 10℃에서 28℃로 낮아진다.

산악 지형이 많은 푸자이라와 라스 알 카이마 에미리트의 경우 기온이 훨씬 더 떨어지며, 심지어 2017년 2월에는 라스 알 카이마에 눈까지 내려 이곳에 사는 아이들을 무척 기쁘게 하였다.

겨울 아침에는 짙은 안개가 내려앉아 도로에 많은 혼잡이 발생하기도 한다. 또 봄과 여름에는 '샤말'풍(이라크 및 페르시아 만 근처의 열기와 먼지를 동반한 북서풍 - 옮긴이)의 영향을 받아 모래와 먼지 입자가 바람에 실려 날아온다. 이 샤말풍은 파키스탄에서 시작되어 이라크와 이란을 지나 불어온다. 특히 천식을 앓고 있으면 모래 폭풍이 부는 동안에는 창문을 모두 꼭 닫고 실내에 머무르는 것이 바람직하다.

비

아랍에미리트의 연평균 강수량은 약 99~150mm이며, 푸자이라와 라스 알 카이마의 서늘한 산악 지방에는 비가 더 자주 내린다. 극심한 물 부족 국가지만 아랍에미리트는 일 인당 물 사용량이 전 세계적으로 가장 높은 나라로 꼽힌다. 아랍에미리트는 인공강우 기술을 실험하는 데에 심혈을 기울이고 있으며, 최근에는 이 기술로 연간 강수량이 큰 폭으로 증가하고 있다. 비가 올 때면, 자연적으로 비가 내리는 것인지, 사람의 개입으로 비가 오는 것인지를 확실히 알지 못하는 아랍에미리트 주민은 이 인공강우 기술에 불안감을 느끼기도 한다. 아랍에미리트의 비에는 모래 입자가 섞여 있는 경우가 많아 비가 그치고 나면 세차장에 자동차 행렬이 길게 이어지는 모습을 볼 수 있다.

특히 수년간 광범위한 가뭄이 지속되는 가운데 매년 12월에서 2월 사이 약 일주일 동안 내리는 폭우는 더할 나위 없이 반가운 일이다. 하지만 대부분의 건물은 폭우가 쏟아지지 않을 것이라는 단순한 가정하에 설계된 듯 보여 폭풍우가 몰아치는 동안에 건물 밖은 물론 건물 내부에도 비가 들어온다. 학교와 대학은 대개 휴교를 하고, 도로에는 충분한 하수 시설이 갖춰지지 않아 주행 환경이 위험할 수 있다.

아랍에미리트는 강수량의 변화가 매우 크기 때문에 농업을 경영하기가 어려울 수 있다. 기존의 많은 가족 농장이 지하수의 고갈로 인해 버려지고 있다. 하지만 일부 농부들은 새로운 기술을 이용하여 물 부족 문제를 해결하고 있다. 예를 들면,

아부다비의 바니야스 센터에서는 생선 폐기물을 비료로 사용하여 식물 탱크를 수경재배하는 시스템을 통해 기존 양식장을 활용하고 있다. 또 미래에 필요한 충분한 물을 확보하기 위해 남극대륙에서 푸자이라까지 빙하를 끌어와 담수로 바꾸는 계획까지도 진행 중이다.

환경

급속도로 진행된 아랍에미리트의 도시 개발은 자연 환경을 크게 훼손하면서 이루어졌다. 아부다비와 두바이를 연결하는 셰이크 자이드 로드(E11)를 따라 작게 펼쳐진 마지막 남은 모래언덕은 이미 개발이 예정되어 있다. 불규칙하게 뻗어 있는 아랍에미리트의 메가시티를 벗어나려고 사막 캠핑족은 내륙으로 더 깊이 이동해 지정된 장소를 찾는다. 푸자이라 해안의 유막은 빈번하게 발생하고 있으며 호텔 직원들 덕분에 아랍에미리트의 호텔 해안은 오염되지 않은 자연 그대로의 모습을 유지하고 있지만, 개발되지 않은 해안에서는 엄청난 양의 플라스틱이 파도에 밀려온다. 현지 환경보호단체에서는 자원봉사자

를 정기적으로 불러모아 이러한 해안가 쓰레기를 치운다.

아랍에미리트의 생물 다양성은 사막과 해변 외에 맹그로브 숲에서도 찾아볼 수 있다. 최근 몇 년간 아부다비 정부는 해안가 개발로 삶의 터전을 잃어버린 사람들을 보상하기 위해 수천 그루의 맹그로브 묘목을 심는 데 앞장서고 있다. 도시의 우거진 맹그로브 숲에서 카약을 즐기는 일은 관광객에게 인기 있는 오락으로 자리 잡았지만, 최근 아부다비의 사디야트 섬과 야스 섬의 호화로운 개발 사업으로 인해 오염과 소음이 증가하면서 파괴되기 쉬운 맹그로브 숲의 생태계를 위협하고 있다.

아랍에미리트의 풍부한 오일 공급 덕분에 밝게 빛나는 도시의 불빛은 꺼지지 않으며, 대규모의 쇼핑센터는 화려한 시설과 냉방장치를 갖추게 되었다. 특히 외국인의 경우, 에너지 요금이 현재 서서히 오르고 있지만, 에미리트 시민들에게는 여전히 많은 보조금이 에너지 비용에 지급되고 있다.

대체 에너지를 수용하기 위해 과감한 조치가 시행되고 있는 가운데, 세계 최대 태양광 발전소가 사막에 문을 열었다. 아랍에미리트의 낮은 휘발유 가격을 고려해 볼 때, 방문객들은 빠르게 인기를 얻고 있는 전기차의 충전소(두바이에 약 200개)가 많이 설치된 것을 보고 놀랄 수도 있다. 아랍에미리트의 첫 핵발전소는 2017년에 가동될 예정이었지만, 2018년으로 일정이 조정되었으며 2020년까지 3개의 원자로를 추가로 만들 예정이다.

이러한 모든 환경친화적 정책에는 합리적인 이유가 있다. 일부 전문가가 예상하는 속도로 지구 온난화가 계속된다면 아랍에미리트는 최악의 미래를 맞이하게 되기 때문이다. 2015년 네이처 기후변화 저널에서는 2090년 말이면 아랍에미리트의 기온이 인간이 생존할 수 없을 정도로 상승할 것이라고 경고했다.

인구

지난 40년간 아랍에미리트의 인구가 매우 급격히 증가해 이 시기를 지나온 사람들이 현재의 아랍에미리트는 알아볼 수 없을 정도다. 1975년 아부다비의 전체 인구는 21만 1,812명으로 한낱 어촌에 불과했지만, 2016년에는 290만 8,173명으로 증가해 세계적인 대도시로 탈바꿈했다. 이렇게 증가한 인구의 약 90퍼센트는 외국인 노동자와 그들의 가족이다.

알 아인의 오아시스 도시와 마디나 자이드와 리와의 한적한 사막 마을, 알 루와이스와 델마 섬에 있는 석유산업 노동자들의 숙박시설을 제외하고는 대부분의 사람들은 해안가 도시에 살며, 내륙에 기반을 둔 사람들은 대체로 파키스탄과 인도의 농장 노동자다. 대부분의 에미리트 가정은 농장을 소유하고 있으며, 교외 빌라에 사는 것을 선호하고, 농장에는 주말이나 휴일에만 방문하곤 한다.

아랍에미리트 인구의 약 90퍼센트는 에미리트인이 아니며, 서비스직 종사자와 점원은 거의 모두 외국인이기 때문에 방문객이 현지민과 접촉할 기회가 항상 있는 것은 아니다. 거주민의 대부분은 남아시아 국가 출신의 남성(58퍼센트)이다. 이들은 일의 종류에 따라 인종을 기준으로 고용되는데, 중하위 수준의 사무직은 인도의 케랄라 출신이 다수를 이루며, 육체 노동을 필요로 하는 일은 파키스탄과 방글라데시, 스리랑카, 네팔 출신의 노동자들이 맡는다. 필리핀인은 대부분 소매업과 가사일을 담당하며, 일반적으로 자신들의 조건보다 더 낮은 수준의 일을 한다. 중간관리직과 기술직은 서구와 남아시아, 아랍 국가들, 특히 이집트와 요르단 출신이 주로 고용된다. 또 아리아인이 많이 고용되고 있으며, 교사는 남아프리카, 보안요원과 택시운전사는 중앙아프리카 출신의 사람들이 선호된다.

부족의 중요성

에미리트 사람들은 다른 무엇보다도 부족을 중시하는 사람들이며, 이러한 부족의 다수는 이란과 오만, 사우디아라비아, 예멘에 뿌리를 두고 있다. '순수한' 토착 에미리트 가문 출신은 높은 지위를 상징하는데, 그렇다고 에미리트 사람에게 출신이 어디인지를 물으면, 이러한 문제에 대해 언급하기를 꺼리는 것을 볼 수 있다. 1971년 독립이 선포되었을 당시 아랍에미리트의 국경선 안에 거주하던 페르시아 만 아랍 국가들이나, 아랍에미리트의 시민권자와 적절한 가족관계에 있는 사람들에게 시민권이 부여되었고, 그 대가로 이전의 정치적 관계를 모두 포기해야 했다.

반면 아랍에미리트 사람들이 자신의 부족이 아닌, 심지어 국적이 다른 사람과 결혼하는 일이 점차 증가하고 있다. 대부분의 경우 에미리트 남자들은 후처로, 또는 첫 번째 결혼이 이혼으로 끝나는 경우 외국인 여성을 유일한 아내로 맞아들이고 있다. 성공한 일부 기업가들은 아버지가 에미리트인이고 어머니가 외국인인 가정 출신이며, 이들 가운데 일부는 혼혈의 혈통으로 인해 사회에서 가치를 인정받기 위해 더 열심히 노력해야 했다고 말한다. 2012년 에미리트의 아말 알-아그루비 영화감독은 큰 논란을 불러일으킨 다큐멘터리 〈에미리트의 혼혈인〉에서 혼혈인에 따라다니는 사회적 낙인에 대해 조명했다.

간략한 역사

2011년 샤르자에서 고고학자들이 10만 년에서 12만 5천 년 사이에 제작된 것으로 추정되는 원시 사회의 손도끼를 발견했다. 이 손도끼는 아프리카 이외의 지역에서 발견된 현생 인류에 관한 가장 오래된 증거물로, 초기 인류가 이전에 생각했던 것보다 훨씬 더 일찍 아프리카를 떠났다는 사실을 보여 준다.

아득히 먼 과거에 아라비아 전체는 오늘날보다 비가 더 많이 내리는 기후로 농사에 성공할 가능성이 훨씬 더 높았다. (지하수 수로를 통해 농작물에 물을 주는) 세계에서 가장 오래된 팔라지 관개시설은 3,000년 전에 만들어진 것으로 추정되며, 알 아인에 위치해 있다. 아라비아의 건조한 기후는 약 5,000년 전에 현재의 기후로 안정화된 것으로 보인다.

초기부터 메카와 같은 주요 중심지를 통해 아라비아 전역에서 교역이 이루어졌고, 상품 교역의 흔적이 로마시대의 정착지에서 발견되었다. 중요한 무역품인 유향은 가자로 이동해 유럽으로 전해졌다. 동쪽으로는 수천 년에 걸쳐 교역로가 확립되었다. 멀리 떨어진 인도네시아 섬의 향신료가 시리아 사막에서 기원전 2,000년에 발견되었으며, 적어도 하나의 루트가 사막을 지나 아마도 현재 아랍에미리트의 영토를 통과했을 것이다. 기원전 1,200년과 서기 275년 사이에 아라비아에서 가장 중요한 국가는, 서양에는 (시바 여왕의 전설에서 유래된) 시바로 알려진 사바로, 시바의 수도는 (현재 예멘에 있는) 마리브였다. 그러나 여러 소규모 국가가 존재했다는 점은 분명하며, 이따금 '통합자'로 알려지기를 자처하는 왕이 나타나기도 했다. 그렇지만 자치권이 있는 국가에서 부족들이 서로 함께 어울려 사는 일이 더 흔했다. 이러한 부족들은 항상 같은 민족은 아니었지만 평화롭게 서로 인접해 사는 공동체 무리를 대표했고 바깥세상에도 개방적이었다. 비문과 고고학자의 자료에 따르면 이 지역은 지중해 국가들과 이집트, 인도를 비롯해 더 멀리 떨어져 있는 문화와도 교류를 이어갔다.

동부 아라비아를 남서쪽 이란의 사산 왕조가 정복하기 수 세기 전인 서기 223년에서 651년 사이에 아랍에미리트 지역은 지역 공동체 및 기술, 화폐 제도가 성장하고 언어의 발전이 이루어졌다. 처음에 말은 기원전 3세기 동안 얼마간 이용되었고, 그 후로 아라비아 말의 상징은 현지 문화에서 높은 평가를 받게 되었다. 이 시기에는 기독교를 비롯해 다양한 종교가 있었다. 네스토리우스파 기독교의 수도사가 서기 600년에 아부다비의 외딴 시르 바니 야스 섬에 수도원을 세웠다. 32년이 지나 예언자 무함마드의 사절단이 이슬람교를 페르시아 만 연안의 사람들에게 전파했다. 무함마드의 죽음으로 이슬람에 반발하는 저항이 일어났고, 푸자이라 디바에서 벌어진 전투가 주요 전투로 꼽힌다. 머지않아 폭동이 진압되었고 이슬람교는 해외로 전파되었으며, 줄파(현재의 라스 알 카이마)를 거점으로 이란에 진입하여 이슬람교로 개종시켰다.

다음 세기에 걸쳐 이슬람교는 매우 성공적으로 전파되었다. 이 시기의 이슬람 법정은 대체로 이슬람 학자와 예술가로부터 지혜를 얻었고, 대부분의 지배자는 예술과 문화를 후원했다. 이슬람 도시의 생활 수준은 세계적으로 높은 수준이었다. 하지만 이러한 모델을 적극적으로 따르는 데 있어 여러 왕조에서 차이가 있었고 일부 지배자는 전제적인 통치방식을 고수했다. 현재 아랍에미리트가 위치한 지역에서 사람들은 바다와 강력한 이웃 통치자를 통한 무역에 의존해 생활했다. 내륙에 사는 베두인족에 행사할 수 있는 영향력의 범위는 한정되어 있었다. 베두인족이 사는 내륙까지 이동해 이들에게 자신들의 법을 따르도록 강요하는 일이 무척이나 어려웠기 때문이다.

적절한 시기에 유럽의 강대국이 식민지를 건설하고 멀리 떨어진 지역과의 교역을 증진하기 위해 함대를 보내며 페르시아 만에서 두각을 나타냈다. 16세기에 처음으로 대거 도착한 사람들은 페르시아 만의 무역을 독점할 목적으로 이곳을 찾은

포르투갈인이었다. 이들은 가는 곳마다 이슬람인이 무역 요충지를 지키고 있는 것에 불만을 품고 페르시아 만 항구와 그 외의 지역을 봉쇄했다. 이로 인해 아랍에미리트를 포함해 많은 이슬람 경제가 큰 타격을 받았다.

수 세기 동안 페르시아 만에는 해적행위가 만연했지만, 다른 종교를 가진 적이 나타나면서 공격이 더 크게 증가했다. 에미리트의 알 카와심 부족은 현재 샤르자로 알려진 애쉬-샤리콰를 페르시아 만과 그 밖의 해상에서 활동하는 해적선의 본거지로 삼았다. 현대의 많은 에미리트 사람들은 이들을 서양의 지배에 맞서 싸운 영웅으로 떠받들고 있다.

16세기에 광대한 영토를 지배한 중동의 오스만 터키 제국은 이집트의 매멀루크 왕조를 계승했고, 오스만 제국의 배는 페르시아 만에서 활동했다. 오스만 제국 사람들은 아라비아를 직접 통치하지 않았고, 자치권 및 반 자치권을 가진 많은 지도자가 그들 지역의 세력 기반을 통제했다.

아라비아반도의 많은 지역이 사막이기 때문에 유목민인 베두인족은 해안 도시와 오아시스 사이의 빈 공간을 거의 자유롭게 이동할 수 있었다. 베두인은 거래를 하거나, 용병으로 복무하기를 요청받거나, 메카로 순례를 떠나는 사람들과 이동 경로가 겹치게 되면 정착민들과 접촉했다. 다양한 종교적 분파로 수 세기에 걸쳐 분열이 일어났는데, 이 중 가장 중요한 것은 18세기 중앙 아라비아에 와하비 전통이 생겨난 것이다. 이 와하비 전통은 나중에, 특히 사우디아라비아에 매우 큰 영향력을 행사하게 되었다. 이슬람교의 수니파로 불리는 대다수의 페르시아 만 연안 사람들은 '잘 다져진 길'을 계속해서 따르는 반면, 와하비 신도들은 자신들의 종교에 더 금욕주의적인 태도를 보인다. 19세기 초까지 와하비 종파의 영향력이 너무도 막강해 오스만 제국의 지도자는 이들에게 단호한 군사적 행동을 취하기로 결심했다. 이로 인해 오스만 제국이 서아라비아를 점령하게 되었지만, 페르시아 만 연안에서 와하비 종파의 지배를 받아들였다. 와하비 지도자들이 연합하여 사우디아라비아 왕국을 형성하면서 페르시아 만 연안국들은 어느 정도 에미리트로서 정치적 독립성을 유지했는데, 이들이 육지보다 바다에 관심을 집중했기 때문이었다.

알 카와심 해양 부족은 영국이 인도에 대한 통제를 강화되면서 한동안 영국과 사소한 접전을 벌였다. 영국은 1891년 해전에서 카와심 함대를 격파했고, 이로 인해 카와심 왕조가 몰락하게 되었다. 다음 세력 기반은 알 아인의 아부다비 오아시스를 중심으로 모인 바니 야스 부족 연합으로, 사실상 해양보다 육지에 기반을 두고 있었다. 주로 알 부 팔라흐 부족 출신인 알 나흐얀 파벌은 연안 정치에서 주요 세력으로 부상했으며 현재 아랍에미리트를 지배하는 아부다비의 알 나흐얀 가문이 이들의 후손이다.

세 개의 조약으로 아랍에미리트가 별개의 국가로 설립될 수 있었다. 1820년 부족 간에 맺은 평화 조약과 해상에서 영구적 평화를 수립한 1853년 조약, 모든 공격에 대한 보호를 대가로 트루셜 스테이츠(아랍에미리트의 옛 칭호-옮긴이)의 외교 관계를 전적으로 영국에 일임하는, 1892년 체결된 조약이 그 세 가지다. 당시 트루셜 해안(휴전 해안)은 트루셜 스테이츠로 알려지며 바레인과 카타르를 포함하고 있었고, 1971년이 되어서야 마침내 영국으로부터 독립하게 되었다.

19세기에는 두바이의 새로운 항구 도시에서 국제 무역의 기회를 십분 활용하기 위해 주로 인도와 이란에서 이민자들이 이주해 왔다. 영국의 지배자들은 필요한 법률적 기반을 제공했지만, 대체로 이곳에 무관심했고, 이민자와 토착민은 무역과 사막을 기반으로 고유의 개별적인 문화를 형성했다.

1921년 일본이 값싼 양식 진주를 생산하기 시작했다. 이와 함께 1930년대에 세계 대공황이 발생하면서 아랍에미리트의 진주 산업은 큰 타격을 받았고 한동안 경제 불황과 기근을 겪게 되었다. 시중에 유통되는 돈이 거의 없었기 때문에 심지어 대추야자로 돈을 지불하기도 했으며, 두바이의 평균 수입은 하루 2루피에 불과했다(3.9kg의 설탕 한 봉지가 30루피였다). 1962년에 아부다비에서 생산된 오일이 처음 수출될 때까지 힘든 상황은 계속되었다. 1952년부터 트루셜 스테이츠는 반년마다 열리는 의회를 설립했지만, 이웃 국가와의 관계가 항상 평화로웠던 것은 아니었다. 1952년 사우디아라비아는 오만의 국경 근처에 있는 한적한 부라이미 오아시스에 대한 소유권을 주장했다. 3년 후에 영국이 이끄는 군대가 이들을 추방하면서 아부다비와 오만은 각각 6개와 3개의 마을을 되찾았지만, 1974년까지 이 영토를 둘러싼 에미리트인과 사우디아라비아인 간에 긴장이 고조되었다.

1968년 영국은 1971년 말까지 영국군을 모두 철수할 계획을 발표하면서 통일 국가, 즉 아랍에미리트를 창설하는 문제를 놓고 트루시아 국가 지도자들 간에 활발한 협상이 벌어졌다.

협상은 복잡했고 독립을 이룬 1971년에 영국과 카타르 양측은 독립 국가를 설립하기로 했고, 아부다비와 샤르자, 푸자이라, 아즈만, 움 알 쿠아인은 아랍에미리트를 창설하는 데 동의했다. 다음 해에 처음에는 가입하기를 주저했지만, 라스 알 카이마가 아랍에미리트에 가입했다. 아랍에미리트의 초대 대통령은 널리 존경받는 아부다비의 지도자, 셰이크 자이드 빈 술탄

알 나흐얀이였고, 이후 각 에미리트의 지도자들이 5년 임기의 대통령직에 2004년 그가 사망할 때까지 계속 재선임되었다.

셰이크 자이드

셰이크 자이드 빈 술탄 알 나흐얀은 여전히 에미리트 사람들에게 사랑받는 '아랍에미리트의 국부'로 알려져 있다. 그가 7개의 트루셜 스테이츠에 흩어져 있던 다양한 부족을 한데 모아

이들을 통합하여 1971년에 단일 국가를 창설한 주역이기 때문이다.

이러한 위업을 평화롭게 달성했다는 점은 선견지명이 있는 그의 리더십의 영향력을 입증하는 것이며, 2004년에 사망했는데도 그의 유산은 아랍에미리트 사람들의 고귀한 염원 속에서 계속 살아 숨 쉬고 있다. 아부다비의 코니스 로드를 따라 위치한 에미리트 팰리스 호텔 구내에는 차를 타고 지나는 사람들이 모두 볼 수 있도록 셰이크 자이드의 사진이 눈에 띄게 장식되어 있다. 또한 아랍에미리트의 호텔에 들어서면 보통 현 지도자인 셰이크 칼리파의 사진과 호텔이 자리한 특정 에미리트의 셰이크 사진과 함께 안내데스크 위에 셰이크 자이드의 사진이 걸려 있는 것을 볼 수 있다.

아랍에미리트 사람들을 계몽시킬 필요가 있다는 셰이크 자이드의 생각은 놀라울 정도의 통찰력이 있는 것이었고, 이렇다 할 자원도 없이 사람들의 기억 속에 개발되지 않은 불모지였던 곳에 대변혁을 일으켰다. 셰이크 자이드는 1918년경 어느 시기-당시 출생일은 기록하지 않았다-에 아부다비에서 태어났다. 4형제 중 막내인 그는 진주를 채취하는 사람부터 매사냥에 대한 열정을 심어준 베두인족까지 사람들의 삶을 알려고 하는 열의로 곧 두각을 나타냈다. 1946년 알 아인과 그 주변 사막 지역의 오아시스 마을을 통치하는 자리에 임명되면서 처음으로 지도자의 역할을 맡았고, 이것을 시작으로 행정 능력을 계발하고 사막 사람들에 대한 지식을 넓혔다.

셰이크 자이드에 앞서 그의 형인 셰이크 샤크부크 빈 술탄 알 나흐얀이 통치하던 시기인 1958년에 아부다비에서 오일이 발견되었고 1962년에는 수출이 시작됐지만, 새로 축적된 부의 상당 부분이 자취를 감췄고 에미리트 사람들은 계속해서 가난한 생활을 이어갔다. 현재까지 살아 있는 많은 사람들은 지하에서 파낸 염분이 섞인 더러운 물을 마셔야 했던 것을 기억하고 있다. 또 아부다비에서 가족 중에 아픈 사람이 생기면 가장 가까운 병원에 가기 위해 두바이까지 포장되지 않은 길을 이동해야 해야 했는데, 이것도 차를 탈 수 있을 정도로 운이 좋은 경우의 얘기다.

이렇게 낙후된 상태로 인해 지배 계층의 구성원 사이에 불만이 생겨났다. 셰이크 자이드는 무혈 쿠데타로 권력을 잡았고, 셰이크 샤크부크를 레바논으로 달아나도록 했다.

다른 국적자에게 관용을 베풀며 이들에게 기꺼이 배우려는 태도뿐 아니라 개발의 혜택을 여성을 포함한 아랍에미리트의

7개의 토후국(에미리트)

아부다비	면적: 7만 3,060km² 가장 크고 부유한 에미리트. 아부다비의 오일머니가 국가 전체의 대부분의 개발 비용을 지불했다. 아부다비는 모든 에미리트 가운데 사회적으로 가장 보수적인 문화를 가지고 있다. 특히 알 아인의 오아시스 마을은 많은 전통 관습을 보존하고 있고, 이 마을 중 하나는 유네스코 세계문화유산으로 지정되었다. 아부다비의 마디낫 자이드와 리와의 외딴 사막 마을은 여전히 비교적 전통적인 베두인족의 생활방식을 따르며 살고 있고, 이들이 영어를 이해하는 수준은 도시 사람들만큼 높지 않다.
아즈만	면적: 260km² 가장 작은 에미리트로 현재는 도시화가 거의 이루어졌다. 관광에 크게 의존하는 잠재적인 대도시로 이웃한 샤르자와 두바이와 협력하고 있다.
두바이	면적: 4,100km²(제주도의 약 2.2배) 두바이 시티는 두바이 에미리트의 가장 큰 면적을 차지하고 있다. 아랍에미리트 연방에서 가장 큰 도시다. 동서 사이에 자리 잡은 전략적, 지리학적 위치로 인해 관광객에게 인기 있는 체류지 및 번화한 무역 중심지가 되었다.
푸자이라	면적: 1,150km² 푸자이라는 전체 면적이 거의 산으로 이루어져 있으며, 한정된 규모의 경제는 쇄광산업을 기반으로 국가 보조금과 관광으로 보완하고 있다. 산호초와 거북이를 볼 수 있어 아랍에미리트에서 잠수를 즐기는 사람들에게 가장 인기 있는 곳이다. 푸자이라의 전통문화와 방언은 아랍에미리트의 다른 지역과 확연히 구별되는데, 이는 사막의 유목 생활과는 달리 산과 골짜기에 농사를 지으며 형성된 농경문화에서 비롯되었다. 푸자이라에는 15세기에 지어진 것으로 추정되는, 아랍에미리트에서 가장 오래된 알 파디야 모스크가 있다.
샤르자	면적: 2,600km² 샤르자는 5,000년의 초기 정착지 역사를 가진 곳이며, (영국의 엑시터대학에서 역사학 박사학위를 받은) 셰이크 술탄 빈 무함마드 알 카시미 국왕은 샤르자의 건축과 전통문화를 적극적으로 홍보하고 있다. 샤르자는 아랍에미리트에서 유일하게 술을 금지하는 에미리트다.
라스 알 카이마	면적: 1,700km² 대부분의 역사에서 라스 알 카이마는 애쉬-샤리카(샤르자)의 일부였고 카와신 해적부족의 지배를 받았다. 현재는 관광산업에 큰 투자를 하며 바위가 많은 험한 산과 온천, 구릿빛 모래언덕을 여러 방면으로 활용하고 있다.
움 알 콰인	면적: 789km² 움 알 콰인은 아랍에미리트에서 가장 인구가 적은 에미리트로, 라스 알 카이마와 마찬가지로 과거 애쉬-샤리카의 일부였고 해적 행위와 진주조개 채취를 기반으로 경제 활동이 이루어졌다. 방문객은 무질서하게 퍼져 있는 맹그로브 숲과 '드림랜드 아쿠아파크'에서 즐거운 시간을 보낼 수 있다.

모든 거주민과 함께 나누려는 마음에서도 지도자로서 셰이크 자이드의 특징이 드러났다. 셰이크 자이드의 다음 말은 종종 인용되고 있다. "여성은 사회의 절반을 구성합니다. 개발을 추구하는 모든 나라는 여성을 가난이나 문맹 상태에 놓아둬서는 안 됩니다." 그의 관점은 페르시아 만 지역에서 당시 시대보다 앞선 것이었다.

셰이크 자이드는 모든 에미리트가 오일머니의 혜택을 누릴 수 있게 하는 한 방법으로 트루셜 스테이츠 개발 펀드에 대한 아부다비의 분담금을 높였다. 동시에 민족 문화를 보존하는 데에 단호한 입장을 취했고, 젊은 사람들에게 전통적 생활 방식을 교육할 목적으로 지속적인 계획을 도입했다. 전쟁과 부패로 몰락의 길을 걷는 몇몇 다른 석유 대국의 모습과 아랍에미리트의 발전상을 비교해 보면 알 수 있듯이, 셰이크 자이드는 과거와 미래를 함께 내다보며 위대한 업적을 달성했다.

현대

석유 수출로 벌어들이는 수입은 특히 1970년대에 유가가 상승한 후 계속해서 증가했다. 2010년대 초반에는 아랍에미리트가 회원국으로 가입한 석유수출국기구OPEC가 전 세계의 경제 발전이 빠르게 확대되는 가운데 그에 따른 석유 수요의 증가를 기회로 활용하면서 유가가 네 배 상승했다. 다수의 OPEC 회원국이 중동의 이슬람 국가이기 때문에 세계적인 정치적 힘과 영향력을 새롭게 재편성한 이러한 유가 상승은 이스라엘과 아랍국가들과의 관계와도 밀접한 관련이 있다. 아랍에미리트의 경제적, 사회적 발전을 이룬 아랍에미리트 정부의 역량은 이로 인해 크게 향상되었다.

오랜 기간 폭발적으로 일어난 건설 붐은 오늘날까지도 계속되고 있으며, 아랍에미리트의 경제가 더욱 다각화함에 따라 앞으로도 지속될 듯 보인다. 1970년대에는 요원한 일이기만 했던 국가적 통합이 이루어지면서 이것이 가능했다. 특히 두바이와 라스 알 카이마는 개별적 사안에 대해 연방 정부의 통제를 받기를 꺼렸고, 1970년대 말에는 두바이와 샤르자의 지배 가문 간의 분쟁으로 양측의 병력수송장갑차가 서로 대치하는 상황까지 벌어졌다. 하지만 1979년 두바이의 셰이크 라시드가 아랍에미리트의 총리와 부통령직을 수락하면서 중대한 돌파구가 마련되었고, 연방화 과정에 반대하던 두바이가 기존 입장을 바꿀 것을 시사했다. 반면 아부다비가 취약한 경제 부문에 오일머니로 보조금을 지급하면서 다른 에미리트의 많은 사람들이 정치적으로 소외되었다.

아랍에미리트와 이란은 '상호 불신'이란 말로 서로의 관계를 가장 잘 설명할 수 있다. 반면에 아랍에미리트는 사우디아라비아의 '형제들'과는 오랫동안 긴밀한 유대감을 형성해 왔다. 사우디아라비아와는 종교적 유대관계를 공유하는 동시에 오일머니에 대한 경제적 의존에서 벗어나는 일과 대규모의 외국인 인구 관리 등의 고질적인 문제에 같이 직면해 있다. '아랍의 봄'과 IS의 부상으로 촉발된 아랍 지역의 정치적 변화로 아랍에미리트와 사우디아라비아는 더 강력한 협력관계를 구축하고 지역 정치에서 보다 적극적인 역할을 맡게 되었다. 2014년에는 젊은 에미리트 남성을 대상으로 병역의무가 도입되었다. 2015년부터 사우디아라비아와 아랍에미리트는 예멘에 군대를 파견하여 후티반군과 싸우며 이란에 대한 대리전을 치르고 있고, 2017년 6월에는 이들이 극단주의 단체를 보호한다고 비난한 이웃 나라 카타르와 국교를 단절했다. 그러나 세계 무대에서 아랍에미리트의 영향력이 커진 것은 단지 카타르와 이란에 대한 군사작전과 정치적 태도 때문만은 아니다. 위기에 처한

다른 사람들을 돕는 데 국가의 부를 사용하는 호의적인 방식 또한 아랍에미리트의 영향력을 높이는 데 큰 역할을 하고 있다. 2017년 경제협력개발기구^{OECD}의 보고서에 따르면, 아랍에미리트는 대외 원조-특히 아프리카와 예멘-에 국부 대비 전 세계의 다른 어떤 나라보다 더 많은 지원을 하는 것으로 나타났다. 하지만 엄격한 비자 시스템을 통해 난민이 유입되는 것은 막고 있다.

정부 및 정치

아랍에미리트는 7개의 개별 에미리트(토후국)가 개별적으로 특정 권한을 보유하고 있는 연합이지만, 연방 정부가 외교와 방위 등의 분야에서 국가 차원의 정책을 감독한다. 2013년 건국의 아버지이자 대통령인 자이드 빈 술탄 알 나흐얀이 사망하면서 아부다비의 차기 지도인 칼리파 빈 자이드 알 나흐얀이 대통령직을 승계하였다.

셰이크

아부다비의 보수적인 알 나흐얀 가문의 통치 방식은 보다 관
대한 두바이의 알 막툼 가문과 상당한 차이가 있다. 알 막툼가
의 몇몇 여성은 미디어의 조명을 받으며 장애물 뛰어넘기, 폴
로, 스카이다이빙, 가라데, 태권도 등 국제적 수준의 경기를 펼
치고 있는 반면, 보수적인 알 나흐얀 가문의 부인과 딸들은 모
습을 감추며 대중의 시선을 피하고 있다. 셰이크 칼리파 대통
령이 아프다는 소문이 퍼지며 더 이상 대중 앞에 모습을 거
의 드러내지 않는 대신 샌드허스트 육군사관학교에서 교육을

받은 그의 동생이자 아부다
비의 왕세자인 셰이크 모하
메드 빈 자이드 알 나흐얀
이 존경받는 공식적인 얼굴
이 되었다. 두바이의 카리스
마 있는 지도자이자 아랍에
미리트의 총리인 셰이크 모
하메드 빈 라시드 알 막툼은
두바이 사람들에게뿐 아니

라 외국인에게도 크게 존경받는다. 그는 경마에 대한 애정과 영국 왕실과의 친밀한 관계로 유명하지만, 두바이에서는 사람들에게 모범을 보이기 위해 헌혈을 하고 지하철을 타는 것으로도 유명한, 시민들을 잘 이해하는 정치인이다.

연방최고위원회

아랍에미리트에서 가장 높은 권위를 갖는 곳은 연방최고위원회FSC로, 이 위원회는 7개 에미리트의 통치자들로 구성되어 매 분기마다 만나 중대한 문제를 결정한다. 연방최고위원회에서는 대통령과 부통령을 투표로 선출한다. 아부다비와 두바이의 통치자는 위원회의 가장 중요한 구성원으로 인정받으며, 필요한 경우 이들은 최종 결정을 거부할 수 있다. 그러나 위원회의 통치자들은 단합된 모습을 보여 주는 것을 선호하며, 논란이 되는 결정은 통상적으로 비공식적으로 합의한다.

역사적으로 아랍 통치자들은 고문을 임명하여 국회에서 그들 위원회의 역할을 하도록 했고, 아부다비의 연방평의회FNC는 이러한 전통을 계속 유지하고 있다. 연방평의회에는 40명의 회원이 있고, 이 중 절반은
각 에미리트의 통치자가 지
명하고 나머지 절반은 선거
인단의 구성원이 투표로 정
한다. 하지만 통치자가 선
거인단 구성원을 임명해야
하기 때문에 이러한 민주적
인 방식에는 한계가 있다.
선거인단은 6,689명의 구
성원을 가지며, 이 중 14퍼센트는 여성이다. 아부다비의 여성
후보인 아말 알 쿠바이시 박사는 연방평의회의 의석을 요청한
첫 번째 여성이자 아부다비의 첫 국회 여성지도자로, 아랍 여
성의 정치 세력화에 대한 역사적인 순간을 상징적으로 보여주
고 있다.

투표 성향은 정치적 입장 외에 부족 및 가족과의 관계에서
도 영향을 받는다. 연방평의회가 정책과 정책에 대한 논평을
심사하는 것은 허용되지만, 정책을 수정하거나 독립적으로 법
안을 도입할 권한은 없다.

정부에서는 필요한 모든 논의가 연방최고위원회나 국회, 연

방평의회를 통해 이루어지므로 정당이나 정치 지도자가 필요 없다고 말한다. 정당이 생기면, 부족 연합이나 종교를 기반으로 단체를 형성하려는 압력이 있게 되고, 이로 인해 분열이 생길 수 있다고 강조한다. 종교적 극단주의는 일부 사람들의 마음을 끄는 논리가 있어, 정부는 이러한 극단주의의 잠재적 영향력에 대해 우려하고 있다. 2014년 아랍에미리트는 최근 아랍 지역에서 인기를 얻고 있는 이슬람 운동 단체인 무슬림형제단을 테러리스트 그룹으로 규정하고 이들의 많은 지지자를 교도소에 수감했다.

법원

아랍에미리트의 법은 대통령이 임명한 판사가 유지한다. 각 에미리트에는 자신들만의 법정이 있어 민사 및 형사 사건과 상업적 사건을 다루고, 또한 이슬람법정에서는 가족이나 도덕적 문제 등을 이슬람법에 따라 집행한다.

재판 당사자가 비이슬람교도인 경우나, 특히 이슬람법에 따라 남편이나 가장 가까운 남자 친척에게 양육권을 넘겨주는 자녀 양육권 소송의 경우에 일부 재판소의 결정은 논란을 불러일으켰다. 하지만 2017년에 아부다비의 판사들이 결혼을 승인하고 이혼을 중재하며 자녀 양육권을 다루는 사법권을 교회에 넘겨주는 계약을 기독교 성직자와 체결하면서 아랍에미리트의 비이슬람교도 인구는 이슬람법의 판결을 피할 수 있게 되었다.

국제적 제휴

아랍에미리트는 국제통화기금IMF, 국제노동기구ILO, G-77 협력체G-77, 유엔UN, 석유수출국기구OPEC의 회원국이다. 또한 카타르와 쿠웨이트, 바레인, 오만, 사우디아라비아와 함께 1981년에 창설한 정치, 경제 협력기구인 걸프협력회의GCC의 회원이기도 하다. 2017년 카타르가 테러단체 지원으로 비난받으며 정치적 긴장이 높아지기 전까지 GCC는 매우 효과적인 외교적 장임을 입증했다. 일례로 2018년에는 재화와 용역에 부가세를 부과하는 방안에 합의를 이끌어 내기도 했다. 그러나 GCC의 합의사항이 모두 잘 지켜진 것은 아니다. 2011년 회원국을 연결하는 철도 네트워크를 건설하는 계획은 유가 폭락으로 중단된 것처럼 보인다.

2017년 12월 아랍에미리트는 사우디아라비아와 함께 새로운 경제·군사적 연합을 발표하며, 양국 간에 '공동협력위원회'를 마련했고, 이로써 GCC의 정치적 영향력을 한층 더 약화시키는 결과를 가져왔다.

경제

오일머니의 영향은 아랍에미리트 사회의 곳곳에서 발견된다. 아랍에미리트 석유 매장량의 대부분을 보유한 아부다비는 세계에서 세 번째로 큰 원유 수출국이며 다섯 번째로 많은 천연가스 매장량을 보유하고 있다. 석유와 천연가스는 대규모의 외국 석유회사와 함께 아랍에미리트의 국영 석유회사 간의 다양한 합작 투자를 통해 추출된다. 외국 기업은 기술적 역량을 제공하는 반면 현지 기업은 이들에게 유전에 접근할 권한을 주고 있다.

아부다비의 경제는 최근까지 해양에 매장된 석유와 천연가스에 거의 전적으로 의존해 왔다. 하지만 최근에는 상황이 바뀌고 있다. 2016년에는 계속되는 저유가의 영향으로 아부다비의 경제가 심한 타격을 받았고, 석유와 천연가스와 관련한 수만 개의 일자리가 사라졌다. 정부에서는, 이를테면 뉴욕의 아부다비 캠퍼스에서 열린 무료 스타트업 인큐베이터 프로그램을 통해 회사 설립을 지원받은 야심 찬 기업가들과 더불어 경제 다각화에 박차를 가하고 있다. 경제 다각화를 위한 정부 노력의 결과로 현재 석유 이외의 분야가 아랍에미리트 GDP의 70퍼센트를 차지하고 있다. 아랍에미리트가 언제까지 석유 매장량을 보유하게 될지에 대해서는 정확히 알려지지 않았지만, 40년에서 140년에 이르기까지 다양한 추측이 나오고 있다.

현재 아랍에미리트의 경제 전망은 불확실하다. 두바이는 '2020년 두바이 엑스포'를 개최할 준비를 하기 위해 정부가 인프라 프로젝트에 지출을 늘리면서 경제 상황이 다소 완화되었지만, 다른 에미리트에서는 경제계획에 균열이 나타나기 시작했다. 2015년에 아부다비는 세계에서 임대료가 두 번째로 높았다. 하지만 시장이 침체되면서 임대료가 하락하고 일자리 감소와 저임금으로 외국인 노동자가 떠나는 부작용을 겪게 되었다.

2030년까지 아부다비에 지속 가능한 경제 다각화를 이루는 것이 정부의 계획이다. 이 목표 달성을 돕기 위해 2017년 10월에 탄산음료와 담배, 에너지 드링크에 '죄악세^{Sin tax}'를 도입했고, 3개월 후에는 5퍼센트의 세율의 부가가치세^{VAT}를 부과하기 시작했다. 현재는 이것 외에 다른 세금도 고려하고 있다.

아부다비는 또한 8,000억 달러 이상의 자산을 가지고 있는 것으로 추정되는, (세계에서 두 번째로 큰) 국부펀드인 아부다비투자청^{ADIA}을 통해 전 세계의 인프라 프로젝트에 투자하고 있다. 모든 석유 수입의 약 40퍼센트는 ADIA를 통해 호텔, 공항, 고가의 부동산 등의 전략적 산업에 재투자하고 있다. 본국에서는 더 많은 관광객을 유치하기 위해 초현대적인 테마파크와 박물관, 2017년에 화려하게 개장한 루브르 아부다비와 같은 미술관에 많은 투자가 이루어지고 있다.

석유 수입이 당장 중단된다고 하더라도 이미 이루어진 투자를 통해 흘러 들어오는 수익이, 현재 아랍에미리트에 거주하는 모든 시민들이 다시는 일을 하지 않아도 될 정도로 충분하다고 한다.

관대한 정부

에미리트의 시민들은 1970년대에 셰이크 자이드가 석유 자원을 통해 새롭게 얻은 부를 사람들에게 공평하게 분배할 수 있도록 확립해 놓은 관대한 복지제도의 혜택을 받고 있다. 이로 인해 에미리트 사람들은 무상 의료서비스(아랍에미리트는 높은 의료 수준을 갖추고 있지만 해외에서 받은 대부분의 수술도 보장받는다)와 연료 및 전기, 수도 보조금, 넉넉한 정부 지원 퇴직연금, 소규모 부지, 무료 고등교육, 에미리트 여성과 결혼하는 경우 에미리트 남성에게 지급하는 70,000디르함의 교부금(약 2백 30만 원 - 옮긴이)을 받게 된다. 또한 관대한 정부 지도자들은 국경일을 기념하는 의미로 에미리트 국민들의 빚을 대신 갚아 주기도 한다.

하지만 관대함에는 한계가 있다. 2016년 셰이크 모하메드 빈 라시드 알 막툼은 행정 부서를 불시에 방문해 점검했고, 비어 있는 책상을 발견하고는 9명의 정부 고위층을 해고했다. 명예에 높은 가치를 두는 아랍에미리트에 널리 알려진 이러한 조치는 아랍에미리트 사람들에게 게으름에는 관용을 베풀지 않겠다는 정부의 강력한 메시지를 전달했다.

2014년에 도입된 병역의무 역시 젊은 에미리트 남성들의 노동 윤리를 강화했다. 다른 중동국가에서 일어난 '아랍의 봄'의 여파를 목격하면서 아랍에미리트의 지도자들은 불만에 찬 청년 실업자들의 위험성을 통렬히 느끼게 되었다.

외국인 노동자의 처우

외국인 사회는 세 부류의 주요 집단이 있다. 우선 (보통 서양인으로) 새로운 나라를 탐험하기 위해 모험을 떠나 오거나 단기적 금융 이익을 목적으로 방문한 사람들이 있다. 또 리비아, 예멘, 시리아와 같이 전쟁으로 폐허가 되거나 정치적으로 불안정한 나라에서 온 가족들이 있는데, 이들은 자국의 앞날에 대해 두려움을 느끼기 때문에 할 수 있는 한 아랍에미리트에 오래 머무르려고 한다. 마지막으로 도시를 건설하고 서비스를 제공하기 위해 인도, 파키스탄, 필리핀, 방글라데시 및 그 밖의 여러 개발도상국에서 가족을 떠나온 노동자가 있다. 이 세 번째 그룹은 보통 사막에 있는 이른바 노동수용소라고 하는 곳에서 산다. 아랍에미리트에 온 이들의 동기는 순전히 경제적인 이유이며, 이들은 어떻게 자신들이 번 돈으로 고국에 있는 자녀들을 교육하는지에 대해 자랑스럽게 얘기한다. 아랍에미리트의 반짝거리는 새 고층 빌딩과 쇼핑몰, 초특급 호텔을 건설하고 유지하는 데 일과를 보낸 후 이 노동자들은 종종 에어컨도 나오지 않는 버스를 타고 다시 허름한 숙소로 이동한다.

에미리트 사람들은 외국인을 대하는 자신들의 방식에 대해 비판하는 것에 매우 민감하며, 아랍에미리트 정부는 외신에서 비인간적인 생활환경에 떼지어 모여 있는 남자들의 부정적 이미지를 없애기 위해 많은 노력을 기울여 왔다. 지독한 더위 속에 실외에서 일하는 것은 건설노동자에게 상상할 수 없이 힘든 일임에 틀림없다. 오늘날에는 법으로 5월에서 9월까지 오후 12시 30분에서 3시 사이의 하루 중 가장 더운 시간에 노동자들이 일하는 것을 금지하고 있다. 최근에 크리켓 경기장, 도서관, 영화관, 시장, 공원 등의 시설을 선보이는 사디야트 건설촌과 아부다비 산업도시ICAD와 같은 곳이 생겨나면서 새로운 캠프의 환경이 개선되었다. 하지만 오래된 캠프도 여전히 남아 있다. 두바이 외곽에 약 2만 명을 수용하는 대규모 캠프인 소나푸르에는 감옥처럼 보이는 콘크리트 건물의 각 방에 10~12명이 잠을 잔다. 두바이의 제벨 알리와 아부다비의 무사파와 같은 아랍에미리트의 산업 지구로 차를 타고 이동하면 도로 옆에는 쓰레기가 흩어져 있고 어디에서도 녹색 경관을 찾아볼 수 없어 종말이 일어난 다음의 황량한 세계에 들어선 것만 같은 기분이 종종 느껴진다. 매우 좁은 공간에서 서로 부대끼며 생활하는 일은 상당한 스트레스를 일으키기 때문에 가끔씩 캠프에서 서로 다른 민족 간에 싸움이 발생하기도 한다.

일반적으로 투자자들은 노동자들의 복지에 자유 방임주의적 태도를 취하는 아랍에미리트 정부에 고마워하는 반면 노동자들은 불공정한 고용주에 맞서 호소할 희망을 거의 잃어버렸다. 그러나 최근에는 법률을 통해 부당한 대우를 없애려는 노력이 이루어지고 있다. 과거에는 직업이 없는 노동자가 48시간 이내에 일자리를 구하지 않으면 아랍에미리트를 떠나야 했지만, 지금은 이들에게 30일의 시간이 주어진다. 또한 2016년에 도입된 비자 스폰서십 운영방식에 관한 새로운 규칙에서는 노동자의 권리가 침해당했을 경우, 이론적으로 계약이 끝나기 전에 근로자가 고용주를 쉽게 바꿀 수 있게 했다. 하지만 일부 부도덕한 고용주는 보복이 두려워 싸우기를 주저하는 근로자의 여권을 여전히 주지 않고 있다.

장기 체류 외국인의 곤경

모든 에미리트 중에서 특히 두바이는 장기 체류 외국인 가족
들(대개 인도인)의 공동체를 성공적으로 구축했고, 이들은 집이
라고 부르는 두바이에 진정한 애정과 소속감을 느끼고 있다.
하지만 에미리트의 시민권은 엄격히 보호되며, 비자 시스템은
외국인이 일을 하는 한에서만 그들이 말하는 '집'에서 환영받
는 것을 보장한다. 비자 시스템은 사막 기후와 야외 생활방식,
고국에서보다 더 많은 돈을 절약할 기회를 찾아 방문하는 단
기 방문객에게 적합하다. 그러나 아랍에미리트에서 성장한 2
세대 외국인은 직장을 잃고 30일 이내에 새로운 일을 찾지 못
하면, 그들이 결코 살아본 적도 없고, 환영해 줄 가까운 가족
이나 친구도 전혀 없는 '고국'으로 쫓겨날 수 있다는 점을 의식
하며 살아간다. 이러한 문제는 표현의 자유가 제한되어 있어
다루기 어려운 사안일 수 있다. 아랍에미리트에 상당한 자산
이 있는 사람은 거주 신청을 할 수 있지만, 재정적으로 안정적
이지 못하거나 시리아나 예멘, 소말리아 출신의 사람은 미래가
어두울 수 있다. 이들은 '집'으로 알고 있는 유일한 나라에서
가족과 함께 살기 위해 적은 돈을 받으며 열악한 근무 환경을

기꺼이 감수하려 할 것이다.

아랍에미리트는 세워진 지 40년밖에 되지 않았기 때문에 이 외국인들은 이러한 문제에 직면한 첫 번째 세대이다. 아부다비와 두바이의 문화가 이곳에서 주된 관심을 끌기 때문에 이 시민권 문제는 재검토될 필요가 있을 것이다.

· 비둔 ·

비둔(Bidoun, 아랍어로 '제외된'이라는 뜻으로 무국적자를 칭하는 말이다-옮긴이)은 아랍에미리트에서 태어났지만, 공식적으로 에미리트 국적이 부여되지 않아 의료보험과 무상대학교육 등의 혜택을 누리지 못하는 '나라 없는' 사람들이다. 종종 부모가 이란이나 다른 걸프협력회의(GCC) 나라 출신인 비둔은 아랍에미리트에 1만에서 10만 명이 있는 것으로 추정된다. 대부분은 한 번도 거주한 적이 없는 코모로 섬의 여권을 소지하고 있는데, 이 여권으로 일종의 공적인 신분을 가질 수 있기 때문이다. 비둔은 에미리트 수준의 월급을 요구할 수 없으므로 상대적으로 가난한 경우가 많고, 이러한 이유로 범죄활동에 가담하게 될 수 있다. 일부 경우에는 이들의 사회적 불만이 아랍에미리트에 정치적 범죄를 일으키는 요인이 된다.

두바이의 과거와 현재

두바이 크릭은 최근까지 두바이의 상업 중심지였던 곳을 지나고 있지만, 해안가를 따라 진행되는 대규모 개발로 오늘날에는 사람들이 종종 별다른 관심 없이 지나치고 있다. 대신 관광객들은 뉴 두바이의 최신 건축적 승리를 상징하는 두바이 운하에 매력을 느끼고 있다. 두바이 운하는 비즈니스 베이에서 시작되는 3.2km 길이의 운하로, 수변 풍경과 사람들이 지나는 산책로를 새로 지은 반짝거리는 호텔과 레스토랑에서 볼 수

있도록 설계되었다.

　현재 올드 두바이에는 거의 두바이 크릭만이 남아 있으며, 부르 두바이와 데이라 사이의 이 13km 길이의 구역을 유네스코 세계문화유산에 등재하기 위한 노력이 이루어지고 있다. 이곳에서는 삶이 느리게 흘러간다. 사람들은 여기서 엔진 소리와 함께 운하의 잔잔한 물살을 가르며 운항하는 예스러운 아브라 목선을 지켜보며 커피를 마시거나, 함께 거니는 것을 즐긴다. 화물선인 다우는 돛대가 하나 달린 무역선의 일종으로 수 세기 동안 아랍인들이 해안가를 오르내리며 상품을 운반하는 데 사용했다. 대부분의 상업적 선박은 수천 척의 다우가 이란과 소말리아, 예멘, 인도 및 근처의 다른 나라에서 온 화물을 하역하는 크릭 북쪽의 데리아로 기지를 이동했다.

• 아부다비를 방문한 무함마드 알리 •

아부다비가 아직 후미진 어촌 마을이고, 에미리트가 통합되어 국가를 형성하기 전인 1969년에 미국의 위대한 권투선수 무함마드 알리가 아부다비를 방문했던 일화는 거의 알려지지 않았다. 그 당시 세 차례의 세계 복싱 챔피언을 달성한 무함마드 알리는 베트콩과 싸울 하등의 이유가 없다고 말하며 베트남전에서 싸우는 것을 거부한 후에 선수권을 박탈당하고 경기 출전을 금지당했다. 그가 아부다비에 잠시 머문 때는 생애 첫 메카 성지순례를 마치고 돌아가는 길이었다고 한다. 무함마드 알리는 아마도 인류가 사막을 녹지화할 수 있다는 생각에 고무되어 피닉스대학에서 진행하는 사막 온실 재배 프로젝트에 방문하기를 원했다. 그 당시의 사진을 보면 무함마드 알리가 셰이크 자이드와 그의 아들을 만났고, 1974년에 셰이크 자이드의 손님으로 아부다비를 다시 방문한 것을 알 수 있다. 또 전하는 말에 따르면 그는 당시 미국에 지어질 모스크에 기부할 성금을 모으기 위해 두바이에서 몇 차례의 권투 시합을 했다고 한다. 하지만 그의 아부다비 여행이 무엇보다 특별한 이유는 다른 국제적인 유명인사가 아부다비에 대해 들어보거나, 방문할 생각도 하지 못했던 때에 이곳을 방문했기 때문이다. 안타깝게도 아부다비와 이곳 사람들에 대한 그의 인상은 시간이 지나면서 잊혀갔다. 그러나 무함마드 알리가 상징하는 관대하고 평화로운 이슬람 세계는 셰이크 자이드가 당시 아부다비에 만들려고 했던 세상과 분명 일치할 것이다.

02

가치관과 태도

아랍에미리트는 신성한 도시인 메카와 메디나와 인접해 있기도 해 천 년이 훨씬 넘는 시간 동안 이슬람교의 영향을 받았다. 사막에서의 삶은 희소한 자원을 놓고 극심한 경쟁이 벌어지는 것을 의미하기도 한다. 사막의 척박한 환경은 확고하고 강인한 기질을 형성했다. 가족과 부족 집단을 다른 지역의 공동체와 분리하면서 환대에 대한 정교하고 중요한 규칙과 협상 프로토콜을 만들게 되었다.

에미리트 사람들의 가치관과 태도는 다음 세 가지 요인으로 형성된다. 이슬람교와 아랍인, 베두인 전통과 더불어 사막 환경, 인구의 약 90퍼센트의 외국인이 나라에서 돈과 권력이 갖는 영향력이 바로 그 세 요인이다.

아랍에미리트는 신성한 도시인 메카와 메디나와 인접해 있기도 해 천 년이 훨씬 넘는 시간 동안 이슬람교의 영향을 받았다. 사막에서의 삶은 희소한 자원을 놓고 극심한 경쟁이 벌어지는 것을 의미하기도 한다. 사막의 척박한 환경은 확고하고 강인한 기질을 형성했다. 가족과 부족 집단을 다른 지역의 공동체와 분리하면서 환대에 대한 정교하고 중요한 규칙과 협상 프로토콜을 만들게 되었다.

일반적으로 에미리트 사람들은 자신을 규정할 때 첫 번째로 가족이나 부족, 두 번째로 자신들의 에미리트, 세 번째로 국가, 마지막으로 아랍 세계와 관련하여 생각한다. 사실 불과 50년 전까지만 해도 베두인족은 가장 강한 지도자에게 충성하면서 비를 따라 한 목초지에서 또 다른 목초지로 자신들의 무리를 이동했고, 지도 위의 영토는 이들에게 별다른 의미를 갖지 못했다. 정부는 개인의 정체성을 기초로 아랍에미리트를 홍보하기 위해 상당한 노력을 기울이고 있지만, 오래된 충성심은 사라지는 데 시간이 걸릴 것이다.

부가 어느 정도 공평하게 분배될 때에 사회적 관계가 공정한 기반에서 이루어진다. 하지만 에미리트 사람들이 더 많은 수의 이주노동자보다 훨씬 더 부유하기 때문에 이들은 외국인 노동자를 자신들의 국가 정체성에 일종의 위협이 될 수 있는 고용자로 생각하는 것에 익숙해졌고, 많은 사회 행사에서 외국인을 배제하고 있다. 오랜 기간 체류한 외국인들은 두바이와 아부다비가 국제적 도시보다는 시골 마을에 좀 더 가까웠을 당시에 에미리트 사람들과 서양 사람들 간에 더 많은 화합이 이루어졌다고 회상한다. 예를 들면, 이드Eid(이슬람교의 두 가지 주요 축제인 이드 알 피트르나 이드 알 아드하를 가리킴-옮긴이) 기간 동안 영국인 부인이 현지 가정을 방문해 인사를 나누는 것은 흔한 일이었다. 외국인의 수가 증가하면서 에미리트 사회에 폐쇄적인 사람들이 생겨났고 외부인이 통합되기가 더 어려워졌다. 실제로 방문 중인 노동자가 일 년간 아랍에미리트에 살며 에미리트 사람과 말할 기회를 한 번도 갖지 못하는 일도 분명 가능한 일이다.

사회화를 방해하는 몇 가지의 요인이 있다. 에미리트 남성과 여성은 분리된 마즐리스Majilis(아랍어로 '앉는 장소'를 의미하며, 방문객을 응접하는 공간 - 옮긴이) 공간을 가지며, 커플은 서로 각자의 친구와 따로 어울린다. 마찬가지로 몇몇 에미리트인은 술을 제공하는 행사에 참석하는 것을 불편해하기도 한다. 그러나 가능한 경우에 현지인들과 교류하기 위해 조심스레 노력하는 외국인들은 이들이 매우 친절하며, 문화적 차이보다는 유사점이 종종 더 많다는 것을 알게 된다.

거품 심리

아랍에미리트는 다문화사회지만, '용광로'보다는 오히려 '샐러드볼'의 사고방식을 통해 다문화사회를 이뤘다. 외국인들은 때때로 자신들과 똑같은 인생관과 문화적 배경을 공유하는 사람들하고만 어울리는 문화적 거품 속에서 자신들이 살고 있다고 느낀다. 당신이 부모라면 아이를 통해 거품 심리를 깨뜨릴 수 있다. 에미리트 여성은 모든 국적의 어린아이들에게 지나칠 정도로 큰 애정을 나타내고, 공공장소에서 에미리트인과 외국인 가족은 각자의 아이의 익살스러운 행동에 관해 서로 농담을 주고받기도 한다. 여성들은 미용실에서 매니큐어를 바르는 에미리트 손님들과 대화를 시작할 기회를 가질 수 있다. 남성의 경우는 대부분의 에미리트 남성들이 열광하는 축구가 문화적 거리감을 줄여 주는 가장 좋은 소재다.

지위와 사회구조

사회적 시스템은 계층적으로 고정적으로 있어 자신들의 국적으로 인해 가장 낮은 임금을 받는 외국인들은 열심히 일해 더 나은 직업적 경력을 쌓는 데 어려움을 느낀다. 에미리트인이 가끔 사용하는 격언에는 '이집트인처럼 똑똑한'이라는 표현이 있는데, 이것은 외국인들이 민족에 대한 대략적인 일반화를 바탕으로 한 그들의 사회적 역할과 지위에 관한 선입견에 종종 어떻게 맞닥뜨리고 있는지를 보여준다. 방문객은 민족에 기초해 그들이 어떤 유형의 사람이고, 어떤 종류의 일을 하며, 결과적으로 어떤 사회적 지위를 가지는지에 대해 사람들이 미리 예상하고 있을 것이라는 점을 알아야 한다.

개인적 연고 없이 외부자에서 내부자로 이동하는 일은 오랜 과정을 거쳐야 일어날 것이다. 사회 내부로 편입된 사람들은 에미리트 사회 속에 지위에 대한 미묘하고, 말하지 않는, 오래된 구분이 있다는 것을 알게 된다. 겉으로는 학문적으로 별다른 관심이 없다고 하더라도 거의 모든 에미리트인이 대학을 가야 하고, 극소수의 사람만이 빈곤한 생활을 한다고 알려져 있기 때문에 다른 나라에 퍼져 있는 계급 구조가 존재하지 않는 것처럼 보일 수 있다. 거의 모든 에미리트인이 사람들 앞에서 민족의상을 입는다는 점 또한 계급을 기반으로 외국인과 이들을 구별하기 어렵게 만든다.

그러나 좀 더 국제적인 사고방식을 가지며, 해외에서 학위(미국이 가장 많이 찾는 곳이다)를 받아 대개 영어를 유창하게 하는 사람들과 아랍에미리트에서만 교육을 받은 사람들 간에는 확연한 차이가 있다. 또 현대적인 개발이 시작되기 전에 사막에서 유목민 생활을 했던 가족 출신과 농부나 어부, 상인이었던 사람들 간에도 구분이 있다. 번화한 무역항인 두바이에서 여자들은 종종 시장 가판대에서 일하고 남자들은 낚시를 하는데, 이를 통해 두바이의 여성이 다른 에미리트 출신의 여성보다 더 자유로운 이유를 알 수 있다.

또한 시골과 도시, '순수한' 에미리트인과 혼혈인, 여러 방언과 요리, 관습에 따라 다른 에미리트 출신자들 간에도 구분이 있다. 영국의 타블로이드지는 런던의 고급 주택지에 아파트를 소유하고, 해로즈 백화점 밖에 람보르기니를 세워 놓는 사람을 전형적인 에미리트인으로 묘사한다. 무덥고 긴 여름 동안 에미리트인이 해외에서 돈을 쓰는 것은 흔한 일이지만, 아주 적은 수의 매우 부유한 엘리트만이 런던 중심가에 호화로운 별장을 구매할 만한 돈을 가지고 있다.

가족

부족과 관련된 가족은 기본적인 사회 구조를 형성하며, 얼마나 멀리 떠돌든지 간에 사람들은 가족에 자신의 뿌리가 있음을 언제나 알고 있을 것이다. 에미리트인은 공립학교에서 무상교육을 받을 수 있지만, 일부 에미리트 아이들은 영어 실력을 향상하기 위해 사립 국제학교에 다닌다. 다른 국적의 아이들이 약속을 정해 학교 밖에서 자주 어울리는 반면, 에미리트 아이들은 학교가 끝나고 그들의 사촌이나 형제, 자매와 노는 일이 더 흔하다. 성장해 가면서 에미리트 아이들은 외국인과 나누는 다정한 우정이 오래가지 못할 것을 고통스럽게 깨닫게 되는데, 때가 되면 이들은 다시 고국으로 돌아가야만 하기 때문이다. 처음부터 짧게 끝날 수밖에 없는 이러한 관계로 인해 에미리트인은 자연스럽게 좀 더 깊고, 오래 지속되는 관계를 자신들의 동족에게 찾게 되었다.

아랍인의 자부심

에미리트인은 아랍의 유산에 자부심을 느끼고 있다. 예언자 무함마드와 이슬람 종교로 알려진 그의 메시지를 얻는 축복을 받은 사람들은 아랍인이었다. 이 메시지는 천국의 언어라 말하는 아랍어로 천사 가브리엘이 무함마드에게 전해 준 것이다. 이 메시지에 힘입어 아랍 군대는 서양의 스페인에서 동양의 인도네시아에 이르기까지 여러 나라를 정복하며 이 두 나라 사이의 많은 나라에서 사람들을 자랑스럽고 뛰어난 유산인 이슬람교로 개종하도록 했다. 아랍인과 그 밖의 다른 이슬람교도는 다른 민족일 수 있지만, 이슬람의 과거에 대한 공통된 기억은 이들을 하나로 묶는 자부심을 나타낸다.

하지만 20세기경에 역사의 흐름이 변했고, 아랍인과 이슬람인은 대개 서양 식민주의 하에서 멸시를 받았다. 식민지가 되면서 사람들이 느꼈던 굴욕감은 그들의 영토를 지배했던 나라들이 이용할 수 있는 석유 매장량을 알게 되면서 한층 더 커졌다. 아랍인들은 제2차 세계대전 전의 영국의 유전 장악과 똑같은 동기를 가진 것처럼 보이는 미국 주도의 이라크 침공을 종종 비교한다.

이스라엘의 역할이 관례상 포함되는 이 문제에 대해서는 분명 다양한 차원의 매우 열띤 논쟁이 벌어질 여지가 있다. 방문객은 고대의 영광과 더불어 아랍 친구가 논쟁에서 그들의 입장을 피력할 착취의 역사를 유념하는 것이 바람직할 것이다. 에미리트 사람들은 대부분의 사회적 형식의 소통에서 대화를 주도하므로 주최자가 하는 말을 경청하는 것이 예의 바른 태도다.

자선

관대함은 에미리트 문화에 깊이 내재되어 있다. 많은 외국인 거주자들은 그들의 차가 모래 속에서 꼼짝 못 할 때 낯선 에미리트인이 안전한 곳으로 차를 견인해 주고 감사의 표시로 주는 돈을 받지 않았던 일화를 가지고 있다.

이슬람 세계는 자선을 크게 강조하며, 많은 자선단체가 있어 성금을 모금해 필요한 사람에게 다시 나눠 준다. 이슬람교도는 식료품과 의복, 주거 등의 기본적인 욕구에 지출한 후에 자카트로 알려진 개인 기부로 매년 수입의 2.5퍼센트를 자선단체에 기부하게 된다. 각 에미리트의 거의 모든 거리에 세워진, 정교하게 장식된 새 모스크는 보통 자카트로 지불한 성금으로 지어졌다.

자선기금이 잘못된 손에 들어가게 되는 것을 우려하여 아랍에미리트는 거주민이 에미리트 적신월사(이슬람권의 적십자사 - 옮긴이)와 같은 모금을 허가받은 자선단체에만 기부를 허용하는 엄격한 법을 시행해 왔다. 이로 인해 법을 위반하는 것이 우려되어 학교 알뜰 시장과 후원 마라톤 등의 외국인이 주관하는 자선 행사가 취소되기도 했다.

종교

아랍에미리트의 거의 모든 곳에서 이슬람교도에게 기도시간을 알리는 무에진의 소리가 모스크 확성기를 통해 크게 울려 퍼지는 것을 들을 수 있으며, 이 소리는 외국인 방문객에게 이슬람교가 아랍에미리트의 종교라는 점을 계속해서 상기시킨다. 이슬람교는 서기 7세기에 예언자 무함마드를 통해 생겨났다. 이슬람 신앙에 따르면, 천사 가브리엘이 무함마드를 방문해 신의 신성한 말을 얘기해 주었고, 나중에 이것을 기록한 것이 코란으로 알려지게 되었다. 신의 의도는 무함마드가 모두 성스러운 예언자로 각각 존경받는 아담, 노아, 아브라함, 모세, 예수를 포함해 지상에 보내진 예언자를 마지막으로 계승하는 것이었다. 최후의 예언자로서, 무함마드의 메시지는 다른 모든 예언자의 메시지를 대신하며, 따라서 그의 메시지인 코란은 인간이 어떻게 살아야 하는지를 정확히 설명하고 있다. '이슬람교'라는 말은 문자 그대로 '복종'을 의미하며, 이슬람교도는 자신들이 계속해서 신의 뜻에 복종하고 있다고 믿는다.

이슬람교는 종교 안에 종교적 영역과 세속적 영역을 모두 가지고 있으므로 많은 이슬람교도는 국가의 통치자가 정치인이나 비종교적 지도자가 아닌, 종교적 지도자가 되어야 한다고 생각한다. 지금까지 아랍에미리트의 지도부는 이 두 영역을 그럭저럭 분리해 왔고, 그 결과 정치적 관점에서 아랍에미리트를 통치해 왔다.

· 이슬람 신앙의 다섯 기둥 ·

'이슬람 신앙의 다섯 기둥'은 이슬람교의 근본 토대를 나타내며 이슬람교도에게 일상생활의 틀을 제공한다.

- 첫 번째는 샤하다, 또는 신앙고백이다. 이것은 신은 없지만 알라와 무함마드는 신의 예언자라는 믿음이다. 이 신앙고백을 하면 이슬람 공동체의 일원에 속하게 된다.

- 두 번째 기둥은 하루 다섯 번의 기도다. 모든 이슬람교도는 신도들에게 하

루 다섯 번의 기도를 알리는 무에진의 소리를 들으려고 귀를 기울여야 한다. 이 소리는 신도들이 몸을 씻고 정해진 방식으로 기도해야 하는 것을 알린다. 모스크에서 여성과 남성은 별도의 구역이 있다. 남자의 경우 모스크에 방문해 기도하기가 곤란하다면, 기도 매트를 정렬해 메카를 향하도록 하여 기도할 수 있다. 아랍에미리트를 방문한 사람은 번화가 옆의 잔디가 있는 작은 구역에서 기도 매트에 무릎을 꿇고 있는 파키스탄과 아랍 남자들의 무리를 볼 수 있다. 여성이 보이는 곳에 있거나 기도하는 남자 앞으로 걸어가면 기도를 마칠 수 없다는 점에 유의해야 한다.

- 세 번째 이슬람교 기둥은 자카트 세금, 또는 정화다. 이슬람 사상은 빌린 돈에 이자를 지불하는 것을 죄라고 여기는데, 이로 인해 이자를 지급하지 않기 위해 다양한 책략을 내놓는 이슬람 은행이 생겨났기 때문이다.

- 네 번째 기둥은 라마단의 한 달 동안 금식을 하는 것이며, 이 기간에 이슬람교도는 낮 동안에 식사를 삼가야 한다.

- 다섯 번째 기둥은 하지를 떠날 의무로, 메카로 성지순례를 하는 것이다. 요즘에는 아랍에미리트와 메카의 근접성과 교통망 덕분에 과거보다 힘든 일이 훨씬 줄어들면서 거의 모든 사람들이 적어도 한번은 이 교리를 따를 수 있게 되었다.

이슬람교도는 항상 예언자 무함마드의 이름을 "그에게 평화가 깃들기를(*Peace Be Upon Him*)"이라는 말과 함께 언급한다. 일반적으로 이슬람 사상은 모든 형태의 예술에서 인간을 표현하지 못하게 하는데, 이 세상이 최초의 인간을 창조한 신을 모독하는 것이기 때문이다. 특히 무함마드의 초상을 덧붙이는 일은 매우 금기시된다. 2015년 무함마드를 표현한 만화로 인해

• 아랍에미리트의 교회 •

아랍에미리트에는 5,000개의 모스크 외에도 40개가 넘는 교회가 있으며, 교회의 수는 계속 늘어나고 있다. 구어로 '교회 지역'이라고 알려진, 아부다비의 알 무쉬리프 지역에서는 금요일에 세인트 앤드루 성공회 교회 밖에서 복음 성가를 부르는 에티오피아 여성과 옆의 모스크에서 설교하는 이맘(예배를 이끄는 이슬람 성직자-옮긴이), 또 바로 옆의 성요셉성당에서 미사를 진행하는 신부를 볼 수 있다. 인상적인 것은 폭탄 테러에서 교회를 보호하기 위해 의도적으로 이 모스크를 두 교회 사이에 위치하도록 지었다는 점이다. 아부다비 섬에서 가장 큰 이 모스크는 웅장한 흰색 돔 구조를 하고 있다. 2017년 전 세계에 아랍에미리트의 종교적 관용을 강력한 상징으로 나타내기 위해 이 모스크는 '예수의 어머니, 마리아' 모스크로 개명되었다.

전 세계에 분노한 찬 시위가 발생했다. 방문객으로서 종교에 관해 논할 때는 오해를 받지 않도록 농담을 하지 않는 것이 최선이다.

여성에 대한 태도

코란과 속설을 종합한 내용에 따르면, 에미리트 사람들은 남성과 여성이 대부분의 시간을 서로 따로 떨어져 지내야 한다고 생각한다. 남성과 여성이 함께 있는 것이 허용되면 이들은 죄가 되는 부적절한 친밀감을 느끼는 유혹에 빠지게 되기 때문이다. 이러한 일이 일어나는 것을 막기 위한 가장 좋은 해결책은 여성의 몸을 완전히 가리게 하는 것이다.

석유로 축적한 부가 생겨나기 전에는 여성이 사회생활을 하는 일이 더 흔했고, 지금처럼 몸을 가릴 필요도 없었다. 일부에서는 매우 많은 남성 이주노동자가 생겨나면서 에미리트 남성들이 아바야(전신 길이의 겉옷)와 샤일라(머리에 두르는 스카프)를 착용하여 여성이 자신을 보호하도록 강요하게 되었다고 말한다.

셰이크 자이드는 에미리트 여성들을 보호할 필요성을 이해했지만, 한편으로 사회에서 일하기를 원하는 여성에게 기회를 줘야 한다고도 생각했다. 이 두 가지를 이루려면 여성들이 혹시 모를 비난을 받지 않고 일할 수 있는 직장을 만들어야 했다.

알 아인의 좀 더 보수적인 지역에서는 아부다비 상업은행과 에티하드항공이 여성만 근무하는 콜센터를 열어 남성과 접촉할 필요 없이 여성들이 일할 기회를 제공할 수 있었다.

(매우 적은 수의 여성만이 유학을 갈 수 있지만) 현재 에미리트에서 여성이 대학에 가고, 졸업한 다음 원하는 직업에서 일하는 것을 흔한 일로 여긴다. 2015년에 유가 하락으로 연방정부의 공공 지출을 27퍼센트 삭감했지만, 에미리트 통치자들은 여전히 교육, 특히 여성의 학업 장려에 투자하고 있다. 석유가 발견된 직후인 1975년에는 15세 이상의 에미리트 여성 가운데 38퍼센트만이 읽거나 쓸 수 있었다. 현재 이 수치는 남성의 90퍼센트와 비교해 92퍼센트를 기록하고 있다.

지난 십 년간 남성의 일로만 간주되던 많은 직업에서 유리천장이 깨졌고, 이제 에미리트는 여성 항공기조종사와 오페라가수, 빙상스케이트선수, 무술인에 자부심을 느낀다. 과거에는 여성이 출산하면 직장을 그만둘 것으로 예상하기도 했지만, 지금은 대부분의 직장 여성이 직장 내의 탁아소나 가정부가 있는 집에 아이를 맡긴다. 모든 가족이 전통적으로 남성이 하던 일을 여성에게 허용하는 것에 동의하는 것은 아니지만, 진보는 결코 다시 되돌릴 수 없다.

두바이의 지도자인 셰이크 모하메드 빈 라시드 알 막툼은, 특히 여성의 사회 진출에 열성적이다. 2012년 그는 기업과 정부기관에서 이사회에 여성을 임명하는 것을 의무화하며, 여성은 '자신들의 역량을 입증'했으며 의사결정에 참여할 필요가 있다고 말했다. 그 뒤로 여성들은 행복부 장관 오후드 알 로우미를 비롯해 정부에서도 고위직을 차지했다. 2015년에 정부는 젠더균형위원회를 설립하여 에미리트 여성들이 계속해서 국가 발전에 주도적인 역할을 할 수 있도록 했다.

에미리트의 공립 초등학교와 중등학교 제도에서 여전히 성별 분리는 일어나고 있으며, 가령 아부다비의 남

성 대학과 같이 과거에는 남성들의 전유물이었던 대학 캠퍼스를 현재 여성에게 개방하는 조치를 취하고 있지만, 대학에서도 마찬가지다. 남녀 간의 상호작용은 여성과 남성이 직장에서 협력해야 할 경우 더 편안하게 일을 할 수 있게 해 준다.

남녀가 결혼 전에 연애하는 것은 여전히 금기시되지만, 특히 좀 더 진보적인 두바이에서 젊은 에미리트 남성과 여성이

· 음주 ·

화려하고 매혹적인 아랍에미리트의 야경과 보수적인 이슬람 법률제도의 현실 사이에는 위험한 역설이 존재한다. 아랍에미리트에서 사전에 음주허가증을 받지 않고 술을 구입하는 것은 엄밀히 말해 불법이며, 이 음주허가증은 비이슬람교도 거주자만 이용할 수 있다. 공공장소에서 술에 취해 행동하는 것은 범죄이며, 보통은 경찰이 클럽이나 바에서 술을 마시는 관광객을 못 본 체하지만, 이들이 거리로 나와 택시에 올라타는 순간 부적절한 행동으로 체포될 수 있다. 현실적으로 이렇게 체포하는 경우는 드물고, 경찰이 술에 취한 사람을 체포하기 위해 적극적으로 순찰을 하는 것 같지는 않다. 그러나 경찰의 도움을 요청해야 하는 경우에 음주를 한 상태라면 이로 인해 기소될 수 있다.

쇼핑몰에서 손을 잡고 있는 것을 볼 수 있는데, 십 년 전만 하더라도 이러한 광경은 눈살을 찌푸리게 했을 것이다. 성 역할이 어떻게 변하고 있는지를 보여 주는 또 다른 사례는 공원에서 아이 유모차를 밀고 있는 남자들의 모습이다.

· 적절한 옷차림 ·

아랍에미리트가 점차 증가하는 자국의 외국관광객을 환영하면서, 에미리트인은 일부 방문객이 그들이 부적절하게 생각하는 옷을 입는 것을 용인해야만 했다. 쇼핑몰에는 적절한 옷차림에 대해 조언하는 표지판이 세워졌는데, 남자의 경우 보통 긴 바지를 입고, 여자는 가슴과 어깨를 모두 가리고 무릎 아래 길이의 치마를 입는 것을 권장하고 있다. 하지만 이런 권고는 잘 받아들여지지 않는 것 같다. 두바이에 있는 거의 모든 상점과 아부다비의 여러 상점을 다녀 보면, 현지 여성들에게는 허용되지 않는 조끼 탑이나 짧은 치마, 원피스를 입은 외국 여성들을 보게 된다. 이렇게 몸을 드러내다시피 옷을 입은 여성의 모습은 에미리트와 외국인 공동체 간에 일종의 긴장과 오해를 불러일으킨다. 따라서 아랍에미리트를 방문하는 모든 방문객은 옷을 선택할 때에 현지 문화에 세심한 주의를 기울이기를 권한다. 공공장소에서 키스하는 것도 금기시된다.

에미리트 여성은 핸드폰으로 자신과 서로의 모습을 찍는 것을 좋아하지만, 이들의 사진을 찍으려면 먼저 허락을 구하는 것이 예의에 어긋나지 않는다는 점을 유념할 필요가 있다. 여성들 간에는 그들의 사진이 사적인, 여성 전용 소셜미디어 계정에서만 공유되는 것을 암묵적으로 합의하고 있을 것이다.

결혼하지 않은 누군가와 성관계를 하는 것 역시 범죄이며, 어떤 경우에는 경찰에 성폭행을 신고한 여성이 이 법을 위반한 혐의를 받기도 했다.

결혼

서로 다른 가족의 적합한 가족구성원 간의 결혼은 사회관계망을 확장하는 가장 흔한 수단 중에 하나다. 전통적으로 예비 신랑의 어머니는 자신의 아들에게 적합한 신부를 찾는 일을 도맡았다. 현재는 커플이 소셜미디어를 통해 친해진 후에 직접 만날 수 있지만, 교제는 보통 결혼 계약서에 서명하고 나서 시작된다. 그런 다음에는 친척을 보호자로 동반하고 서로에 대해 알아갈 수 있다. 결혼 피로연은 몇 주나 몇 달이 지나고 나서 열리고, 그러고 나서 결혼이 마무리된다.

아랍에미리트의 이슬람 율법은 일부다처제를 허용하며, 남자는 각각의 부인을 동등하게 대우하는 한 최대 네 명의 아내와 결혼할 수 있다. 하지만 현실에서는 한 명 이상의 부인을 부양할 여유가 있으려면 매우 부유해야 하며, 한 번에 한 명의 부인을 얻는 게 일반적이다. 전 세계적 추세와 마찬가지로 아랍에미리트에서도 이혼이 증가하고 있다. 아랍에미리트 통계청에서 발표한 수치에 따르면 2008년 이후 에미리트 결혼의 약 40퍼센트가 이혼으로 끝을 맺고 있다. 자이드대학과 아랍에미리트대학, 알 콰리즈미 국제대학이 실시한 2016년 아랍에미리트 전역 연구에서는 가족 구성원 간의 간섭, 소셜미디어 사용, 금전 문제, 소통 부재가 결혼생활이 실패하는 주요 원인으로 꼽혔다.

민감한 주제이지만, 점점 많은 수의 에미리트 남성이 외국인 여성을 아내로 맞아들이고 있는데, 아마도 에미리트 여성과 결혼할 때 가족이 지불해야 하는 결혼 비용과 지참금이 일부 경우에는 엄두도 내지 못할 정도로 높기 때문일 수 있다. 아부다비 에미리트의 사법부 통계에 따르면, 2016년에 새로 등록된 결혼 계약은 5,892건이었고, 이 중 3,327건만 부인이

에미리트 시민이었다. 이슬람교도인 에미리트 남성은 여성이 '책의 백성people of the book'(여기서 책은 구약성경을 의미하며, 구약성경은 기독교와 유대교의 공동 경전이므로 책의 백성은 기독교도와 유대교도를 의미한다-옮긴이) 즉 같은 아브라함 계통의 종교 전통을 공유하는 기독교도나 유대교도라면, 비이슬람교도 여성과 자유롭게 결혼할 수 있다. 이러한 상황에 있는 부인이 아랍에미리트에 살기를 원하면 이슬람교로 개종할 것이다.

결혼이 깨진 경우에는 아이들의 양육은 마땅히 아버지가 맡는 것으로 본다. 부부가 이슬람 법을 따르지 않는 나라에 사는 동안 결혼이 파경이 이르게 되면, 아버지가 아이들을 납치하는 사례도 있다. 이 경우에 이슬람 법은 아버지의 편을 들어주며, 이로 인해 어머니가 아이들을 만나는 일이 매우 어려울 수 있다.

인샬라

인샬라Insha'allah는 아랍 세계에서 가장 흔하게 듣는 말 가운데 하나다. 이 말은 '신의 뜻대로'라는 의미로 미래가 걱정되는 모든 경우에 사용된다. 이슬람교도의 생각에는 일어나는 모든 일은 신(알라)의 손에 달려 있기 때문에 미래의 일이 개인의 노력에 의해 크게 좌우된다는 주장은 주제넘게 보일 것이다. 인샬라는 신이 어떤 일이 일어나는 것에 직접적인 관심을 가지고 있는 경우에만 그 일이 일어날 것임을 넌지시 알리려고 사용하는 말처럼 들릴 수 있다. 하지만 그런 뜻이 아니다. 인샬라는 각 개인은 마음먹은 일을 행하려고 노력하겠지만, 신은 다른 계획을 가지고 있다는 것을 유념해야 한다는 의미다.

최근에 이 말은 간접 지연, 즉 다른 사람을 위해 일을 하지 않는 것과 관련된, 좀 더 부정적인 의미를 새로 가지게 되었다. 예를 들면, 과제를 나눠 주는 교실에서 종종 '인샬라'라는 말이 들린다. "인샬라, 숙제해올게요"라고 학생이 말한다. 그다음에는 꽤 실망스럽게도 교사는 완성된 과제를 보게 되리라는 기대를 거의 할 수 없을 것이다.

불투명한 경제

많은 대규모의 사업거래, 특히 국방과 보안과 관련한 거래가

불투명한 방식으로 진행되며, 종종 뇌물이 거래에 영향을 미쳤는지에 관한 소문이 떠돌기도 한다. 이러한 소문은 흔히 의사결정 과정에 대한 정보가 부족해 생기게 된다. 이 투명성 결여는, 개인이 고객 가족들의 관심사에 신경 쓰는 후원 문화와 함께 아랍에미리트 사업 문화에 널리 퍼져 있다. 사람들은 그들 가족의 이익과 연줄을 보호하고 싶어 하며, 외부인에게 쉽게 설명할 수 없는 결정을 내린다.

연줄

와스타wasta는 '영향력,' '정실,' '연줄'과 비슷한 의미의 아랍어다. 이 말은 개인이 다른 사람과 조직에 가질 수 있는 유대감의 정도와 그에 따라 일을 성사시킬 수 있는 그의 능력과 관련된 개념이다. 중요한 것은 알고 있는 것이 아니라 알고 있는 사람이다. 여러 다른 사회의 사람들과 마찬가지로 에미리트 사람들도 자신들이 알고 신뢰하는 사람과 사업하는 것을 선호한다. 다른 사람을 신뢰하게 되는 과정은 오랜 시간이 걸리고 심지어 비용이 드는 일이기 때문에 상대방이 친분이 있고 신뢰할 수 있는 누군가와의 관계를 시사하여 이 과정을 간단히 하는 것이 더 효율적이다.

같은 가족이나 부족의 일원은 이 즉각적인 관계를 가장 잘 나타낼 것이다. 다른 가족구성원에게 소개되는 에미리트인은 가족의 연장자가 그들의 행동은 보장하므로 오랜 기간 쌓아온 관계로 신뢰를 얻을 수 있다는 것을 바로 이해할 것이다. 그렇지만 엄격한 환경에서는 신뢰를 잃을 수도 있다. 대가족에서는 가정의 화목을 유지하기 위해 강력한 금기가 만들어지기도 한다.

와스타가 생긴 이유는 이해할 만하다. 실제로 와스타가 있는 사람들은 종종 중요한 사람이나 임원의 관심과 시간을 비롯해 다른 사람에게는 허용되지 않은 희소한 자원에 접근하는 것이 특별히 허용된다. 결과적으로 와스타를 가진 사람은 더 신속하게 자신들의 사업을 처리하게 된다. 어떤 사람들은 그들이 가진 와스타와 능력을 바탕으로 서류작업을 완료하고 결정을 승인받는다. 따라서 예비 사업가들은 통상 높은 수준의 와스타를 가진 협력자를 알고 지내며 앞으로의 일을 대비하려 할 것이다.

많은 외국인 거주자는 교통사고에서 에미리트인이 더 많은 와스타를 가질수록 경찰이 더 책임을 작게 묻는다는 것을 인식하게 되었다. 대학에서 일부 학생들은 가족 인맥을 기반으로 한 그들의 와스타로 성적과 관계없이 정부 고위직을 얻게 될 것이라 믿으며 학업에 별다른 노력을 기울이지 않는다. 에미리트 사회에 깊이 뿌리내린 와스타의 활용은 파델 알 무혜이리 감독이 연출한 에미리트의 코미디 영화 〈아부드 칸다이샨〉에 통속적으로 그려지며, 영화에서 주인공은 그의 와스타를 이용하여 그가 13년간 일해 온 지방정부 관제실에서 아부다비의 대도시로 전근되는 것을 막으려고 한다.

하지만 시대가 변하고 있다. 채용 과정에 전문성이 더 깊이 자리 잡고 정부의 일자리가 줄어들면서, 에미리트 사화에서 와스타는 과거보다 영향력이 줄어들었다.

관용과 편견

사교모임에서 종교와 정치, 특히 이스라엘과 이란에 관한 대화는 피하는 것이 좋다. 국제정치에 대한 성숙한 이해를 바탕으로 선견지명을 가진 에미리트인이 많이 있지만, 보다 많은 사람들이 선동적인 주장으로 이어질 수 있는 편견을 가지고 있다. 에미리트인은 애국심이 매우 강하다. 일부에서는 아랍에미리트에서 수용한 개발 속도나 젊은 세대의 서구화를 공개적으로 비난하기를 마다하지 않지만 사회문제에 대해 큰 존경을 받는 지도자를 비난하는 일은 결코 하지 않는다.

유머감각

에미리트 사람들에게 농담을 의미하는 누크타를 나누는 일은 일상생활의 일부다. 그러나 아랍에미리트의 사회적 보수성으로 인해 유머 소재로 사용할 수 없는 많은 문화 관행이 있고, 농담이 금지되는 이러한 영역은 서구 국가에서 유머와 풍자의 중요한 소재가 된다. 다른 사람의 체면을 구기면서 그들에 대해 농담하는 것은 용인되지 않으며 이런 행위는 존중과 우정의 선을 넘어서는 일이다.

농담을 이해하려면 단순한 전달만으로는 충분하지 않기 때문에 서양의 농담을 아랍사람들에게 전하고 나면 원하던 반응을 얻지 못할 수 있다. 에미리트 농담은 보통 전형적인 희극이나 슬랩스틱 코미디가 주를 이룬다. 얼마 전부터는 소셜미디어에서 에미리트 사람들에게 농담을 공유할 수 있는 플랫폼을 제공하고 있다. 유튜브에서 이들은 사우디아라비아의 젊고 새로운 스탠드업 코미디 스타들을 즐겨 본다. 인스타그램에서는 에미리트의 압둘라지즈 바즈가 그의 익살스러운 동작을 보기 위해 방문하는 4백 5십만 명의 팔로워를 보유하고 있다. 코미디는 젊은 페르시아 아랍인에게 그들 문화의 좀 더 가볍고 따뜻한 면을 보여 줄 기회를 제공한다. 이들은 대개 서양 언론에서 페르시아 아랍인을 (급진적인 설교자나 화려한 억만장자로) 보여 주는 부정적인 방식에 대해 아주 잘 알고 있으며 그들 문화의 다른 이야기를 전하는 데 관심이 많다.

03

관습과 전통

관습과 전통은 에미리트인에게 매우 중요하다. 비교적 짧은 시간에 많은 에미리트의 오랜 전통이 변화했고 심지어 현대에 맞게 바뀌고 있다. 예를 들면 매사냥과 승마술은 다른 환경에서는 생존에 필요한 기술이었지만, 지금은 현실과 다소 동떨어진, 신화적 색채가 짙은 과거를 화려하게 기념하는 일이 되었다.

관습과 전통은 에미리트인에게 매우 중요한데, 아마도 그들이 현대로 내던져진 비교적 짧은 시간 때문에 더욱 그럴 것이다. 하지만 과거에, 심지어 한 세대 전만 해도 축제와 기념행사는 오늘날 즐겨 찾는 화려한 뷔페의 모습과는 상당히 달랐다. 사람들이 자신의 관대함을 보여 주고 친구와 가족에게 세계 각지의 좋은 것을 대접하고 싶어 하면서 물질주의적 태도가 축하의 중심을 차지하게 되었다. 물론 모든 사람이 이러한 변화에 마음을 빼앗긴 것은 아니며, 특히 노인들과 좀 더 영적인 사람들은 이러한 축하행사의 진정한 의미가 훼손되고 있다고 생각한다. 일부 에미리트인 역시 비공개적으로는 에미리트의 정체성이 쇠퇴하고, '지쳐 쓰러질 때까지 쇼핑(shop-till-you-drop)'하는 소비주의 문화와 '금요일 브런치'(서양의 외국인에게 인기가 많은, 종종 무제한 제공되는 술이 함께 제공되는 호텔의 사치스러운 오후 뷔페)를 받아들이며 서양의 문화적 가치에 휩쓸리게 된 것을 불만스러워한다.

많은 에미리트의 오랜 전통이 변화했고 심지어 현대에 맞게 재발명되고 있다. 예를 들면 매사냥과 승마술은 다른 환경에서는 생존에 필요한 기술이었지만, 지금은 현실과 다소 동떨어진, 신화적 색채가 짙은 과거를 화려하게 기념하는 일이 되었다. 실제 과거의 모습보다 다소 유쾌하게 선보이기 위해 사회에서 과거를 재창조하는 일은 꽤 흔히 일어난다. 따라서 아랍에미리트를 방문하는 방문객은 전통 행사를 접할 기회를 얻게 되면, 주의를 기울여 행사의 원래 모습을 이해하려고 하는 것이 바람직하다.

매사냥

매사냥은 수 세기 동안 베두인족의 생활에 필수적인 부분을 차지해 왔으며, 황금색의 매의 중앙에 아랍에미리트 국기와 7개의 에미리트를 상징하는 7개의 별이 그려진 원판이 아랍에미리트의 상징을 나타낼 정도로 매를 중요시하고 있다. 토템(신앙)의 상징으로서 매는 힘과 속도, 용기를 상징하며, 아랍에미리트를 대표하는 몇몇 미래주의 건축의 영감이 되기도 했는데, 매의 날개 깃털을 형상화한 2020년 두바이 세계 엑스포의 아랍에미리트 국가관이 대표적인 예다.

날카로운 매의 눈은 아주 멀리 떨어진 거리에서도 먹이를 찾아내고 또한 매는 훈련을 통해 먹이를 죽이지 않고 운반하게 할 수 있어 사막에서 유용하고 귀중한 동반자의 역할을 한다. 셰이크 자이드는 매사냥에 큰 열정을 느꼈고, 이러한 그의 애정이 매사냥이 인기를 얻는 데 기여했다. 젊은 에미리트 남성이 가정에서 애완용 매를 기르는 것은 여전히 매우 흔한 일이며, 이들은 매가 먼 거리에 던져진 목표물을 물고 팔로 다시 가져오도록 훈련시킨다. 매의 머리는 보통 가죽 후드로 가리는데, 이는 훈련의 매우 중요한 부분이다. 방문객은 전 세계에서 가장 규모가 큰 아부다비 매 전문병원에서 매에 관해 더 많은 것을 알아볼 수 있다.

이슬람력

아랍에미리트는 표준 이슬람력을 따르며, 대부분의 공식 문서에서는 이슬람과 서양식 역법을 모두 사용하여 날짜를 기입한다. 이슬람력은 12개월로 이루어진 1년이 약 354일인 태음 주기를 기반으로 한다. 예언자 무함마드가 메카에서 메디나로 이주한 것을 지칭하는 히즈라를 원년으로 삼는다. 히즈라는 서력의 570년에 일어났으므로 이슬람력에 따르면 2018년은 1439~1440 이슬람력AH이 된다.

아랍에미리트는 금요일과 토요일이 주말 휴무이며 대부분의 소매점과 관광 명소는 금요일 아침에 문을 닫는다. 주말이 달라 서양에 본사를 둔 기업들은 곤란한 일을 겪는데, 두 국가의 사람들이 월요일에서 목요일까지만 일하게 되기 때문이다. 시급한 관심을 요하는 상황이 발생할 때는 몇몇 직원이 장시간 근무하여 다른 시간대와 요일에 일하는 해외 동료와 보조를 맞춰야 한다.

금요일은 가장 성스러운 날로 여겨지므로 금요일 아침이나 점심에 이슬람교도 남성들이 인기 있는 이맘(이슬람교 사원에서의 집단 예배를 인도하는 성직자-옮긴이)에게 설교를 듣기 위해 모스크에 가는 것은 아주 흔한 일이다. 다른 나라에서는 이러한 설교가 정치적 시위의 출발점이 될 수 있지만, 아랍에미리트에서는 그런 일이 일어나지 않는데, 부분적으로는 당국이 설교 내용을 감시하기 때문이다. 모스크의 확성기로 금요일 설교를 야외에 방송하므로 모스크에 사람들이 꽉 차 있다면 밖에 서서도 이맘이 말하는 것을 들을 수 있다.

공휴일

종교적 휴일에 해당하는 정확한 날짜가 물가가 치솟고 항공편이 빨리 예약되는 공휴일을 겨우 며칠을 앞두고 발표되기 때문에 휴가 계획을 세우기가 어려울 수 있다. 거주민들은 12개 정도의 종교적 휴일 외에도 최소 하루의 휴가를 얻어 1917년 에미리트의 통일을 기념하는 12월 2일의 국경일도 기념한다. 몇몇 에미리트인은 아랍에미리트의 지도자들과 국기를 묘사한 포일아트로 그들의 차를 장식하고 자동차 경적을 오래 울리며 서로에게 파티끈을 뿌리는 흥겨운 카퍼레이드에서 자신들의 차를 뽐내며 이 기쁜 행사를 축하한다. 2015년에 아랍에미리트 달력에 도입된 또 다른 국가 휴일은 에미리트 순교자의 희생을 기리는 '기념일'로, 공무와 인도주의적 활동, 군 복무 중에 사망한 사람들에게 경의를 표한다.

라마단

라마단은 이슬람교도에게 일 년 중 가장 중요한 시기다. 해가 떠 있는 동안에 음식을 삼가는 한 달간의 금식이 끝나고 나면 '이드 알 피트르'라고 하는 축제가 벌어진다. 아랍에미리트 호텔에서는 (금식을 깨는) 호화로운 이프타르(금식을 깬다)(라마단 기간 중 매일 해가 진 다음 하루의 단식을 마치고 하는 첫 식사-옮긴이) 뷔페를 마련하는데, 비이슬람교도가 축제에 참여할 수 있는 인기 있는 방법이다.

　금식은 자기 수양을 쌓고 정신적 영역에 마음을 집중할 수 있는 장점이 있다. 이슬람력의 아홉 번째 달에 해당하는 이 기간 동안 이슬람교도는 해가 떠서 질 때까지 술이나 음식, 흡연, 성생활을 삼간다. 에미리트인은 가족과 친구들과 함께 저녁을 즐기며, 서로 번갈아 가며 대접한다.

라마단은 직장생활에 큰 영향을 미치는데, 단식하는 사람들의 스트레스를 줄이기 위해 근무시간이 조정될 수 있기 때문이다. 많은 사람들이 낮 동안에 피로감을 느끼며, 그에 따라 업무 효율과 판단력이 떨어질 수 있다. 어린이, 임산부, 모유 수유 중인 여성, 당뇨와 같은 의학적 질환이 있는 사람들은 금식 의무를 포기할 수 있다. 아이들은 보통 늦은 밤까지 깨어 있는 것을 허락받아 축제를 즐길 수 있어, 부족한 수면으로 낮에 투정을 부릴 수 있다. 사람들은 기도하고, 코란을 읽으며, 잠깐 눈을 붙이기도 하면서 낮 시간을 보낸다. 아랍 전역의 수백만 명의 사람들이 특별 제작된 라마단 TV드라마를 시청하며, 최근에는 이러한 드라마에서 논쟁적인 정치적 이슈를 다루고 있다.

　　(아이들을 제외한) 비이슬람교도는 라마단 기간 동안 낮 시간에는 공공장소에서 음식을 먹거나 술을 마시거나 담배를 피우거나, 심지어 차 안에서 편하게 물을 한 모금도 마셔서는 안 된다. 일몰 직전에 운전하는 사람들은 다른 운전자들의 경고에 주의해야 한다. 도시마다 소수의 카페와 레스토랑은 비이슬람교도들의 편의를 위해 문과 창문을 검게 가리기만 하면 라마단 기간의 낮 시간에 문을 여는 것이 허용된다. 다국적기

업에서는 정수기와 커피 머신을 안 보이는 곳으로 치우고, 대부분의 고용주는 비이슬람교도들이 주의를 끌지 않고 먹을 수 있는 밀폐된 공간을 제공할 것이다.

이드 알 피트르

라마단의 끝을 기념하는 이드 알 피트르Eid Al-Fitr는 아랍에미리트의 가장 크고 중요한 축제다. 아랍에미리트의 거리는 반짝거리는 이드Eid(아랍어로 축제라는 뜻-옮긴이), 조명으로 불이 밝혀지고, 에미리트 사람들은 며칠에 걸쳐 성대한 잔치를 준비하며 바비큐한 양고기와 필래프 밥(볶은 밥의 일종-옮긴이)을 큰 접시에 놓는 전통 요리로 식탁을 차려 가족과 친구를 대접한다. 이 기간에는 아랍에미리트 친구나 동료에게 '이드 즐겁게 보내세요'라는 뜻의 '이드 무바라크'라고 말하며 축복을 비는 것이 좋다.

전통적으로 에미리트 여성은 집을 청소하고 헤나(적갈색 염료-옮긴이)와 전통 향료로 몸을 단장한다. 아이들은 '이디야(금전적 선물)를 받았어요'라는 뜻의 에미리트 민속노래의 한 구절을 외치며 이웃의 친척들이 주는 돈을 받는다. 과거에는 대개 작은 동전이나 사탕류를 주곤 했지만, 지금은 지폐를 주는 일이 많아졌고, 상점에서는 '이드 선물'이 날개 돋친 듯이 팔린다.

기타 종교 휴일

에미리트 사람들은 또한 희생의 축제로 알려진 이드 알 아드하 휴일을 기념하며, 이 날에 아브라함의 희생을 기린다. 신은 아브라함에게 그의 아들을 제물로 바칠 것을 요구했고, 아브라함이 그의 뜻에 순종하는 모습을 보이자, 신은 아들을 대신해 숫양을 바치게 했다. 이 날은 동물, 일반적으로 양을 제물로 바치고 나서 축제 음식으로 사용한다. 관례상 모든 육류의 삼 분의 일은 축제에 참석한 사람들이 먹고, 또 다른 삼 분의 일은 친구에게 선물하며, 나머지 삼 분의 일은 가난한 사람에게 기부한다.

또 다른 두 종교 휴일에는 예언자 무함마드의 탄생을 축하하는 무함마드 탄신일과 무함마드가 영적 완성에 도달하여 천국으로 승천한 것을 기념하는 무함마드 승천일이 있다.

세계 각지에서 온 사람들이 아랍에미리트에서 일하는 것을 고려해 보면 거의 모든 종교 축제를 이런저런 형태로 축하한다고 할 수 있다. 근무 일정은 보통 이러한 축제에 맞춰 바뀌지 않는데, 일례로 크리스마스 날은 대개 일반적인 근무일이다. 하지만 아랍에미리트의 모든 사람들은 종교성이 약한 크리스마스의 여러 전통을 공공연하게 즐긴다. 거대한 크리스마스트리가 호텔 로비를 차지하고, 슈퍼마켓에는 축제 음식이 가득 진열된다. 마찬가지로 힌두교의 빛의 축제인 디왈리는 불꽃놀이와 화려한 조명, 전통 춤으로 축하 행사가 이루어진다.

새해

아랍에미리트에는 달의 모양에 따라 바뀌는 이슬람력의 시작과 1월 1일 서양 신년의 두 번의 새해가 있다. 이슬람 새해에는 가족과 함께 보내거나 기도와 명상을 하며, 또한 이날을 새해 결심을 하며 보내는 사람들이 점차 늘어나고 있다.

기타 기념일

결혼과 생일 등의 가족 행사는 기념일을 축하하는 일 외에도 사회적 관계를 강화하는 기회이기도 하다.

또 중요한 스포츠 경기나 사회, 정치적 행사를 기념해 비공식적인 축하 행사가 열릴 수도 있다. 가령, 큰 축구경기에 우승하여 선수들이 차창 밖으로 몸을 내밀어 스카프를 흔드는 가운데 경적을 울리며 거리를 이동하는 자동차 행렬을 볼 수도 있다. 즉흥적인 축하 행사가 벌어지면 에미리트의 여성 전용 공간에서는 여성들 특유의 환호성(높은 톤의 기뻐서 흥분하는 목소리)이 들려오기도 한다.

장례식은 대체로 차분히 진행되며, 전통에 따라 고인은 평범한 하얀 시트에 싸여 사막에 조용히 묻힌다. 셰이크가 사망한 경우를 제외하고 장례식은 보통 중동의 다른 사회에서 볼 수 있는 것처럼 친척과 친구들이 모이는 대규모 행사로 열리지 않는다. 셰이크 자이드가 사망했을 때는 40일간의 국가 애도기간이 선포되었고, 정부 기관과 일반 기업은 각각 8일과 3일 동안 휴무에 들어갔다.

현지 관습 및 전통문화

아랍에미리트 사회의 위대한 두 가지 전통, 즉 사막과 바다는 많은 전설의 영감이 되었고, 수 세대 동안 모닥불 주위에서 이 것을 주제로 끊임없이 이야기가 만들어지고 전해졌다. 일반적 인 이야기의 영웅으로는 얼마 되지 않는 자신의 마지막 물건 을 팔아 손님을 대접하는 관대한 남자나, 알라딘과 같이 운명 의 온갖 부침을 겪는 사람들, 보잘것없는 지위를 가진 것처럼

보이지만 지혜와 세상 물 정에 밝은 수완으로 지배 자를 원하는 길로 이끌어 가장 불우한 사람에게도 영광의 기회를 제공하는 하인이지만 동시에 지도 자인 사람 등이 등장한다.

아랍에미리트의 민담 은 이슬람교의 영향을 받 기 전의 시기로 거슬러 올라가며, 따라서 이슬람

신앙에 반하는 듯 보이는 이야기에 이슬람교도들은 종종 눈살을 찌푸리기도 한다. 특히 시골에 사는 많은 에미리트인은 여전히 정령의 존재를 믿고 있는데, 이러한 정령은 착하기도 하고 나쁘기도 하며 그들이 알고 있는 사람의 모습으로 나타날 수 있다.

정령의 신화는 라스 알 카이마에서 촬영한 같은 제목의 할리우드 영화로 영원히 전해지게 되었다. 이 영화는, 당나귀 발굽과 고양이 눈을 가졌다고 알려진 남자를 유혹하는 사악한 정령, 알 두와이스의 전설에 대략적으로 기반해 만들어졌다. 수백 년간 이러한 이야기가 세대 간에 구전으로 전해졌지만, 글로 기록된 이야기가 거의 없어 많은 이야기가 시간의 모래밭으로 사라졌다.

아랍에미리트가 연안에 위치하고 다양한 무역로에 자리하고 있기 때문에 에미리트의 문화유산은 다른 문화의 전통을 흡수해 왔다. 예를 들어, 고대 메소포타미아가 토기 제작에 미친 영향은 고고학적 유물을 통해 발견할 수 있다. 수 세기 동안 보트 건조, 민간요법 활용, 특유의 에미리트적인 생각을 표현한 시 창작 등 독특한 형태의 문화적 표현이 생겨나게 되었다. 고인이 된 셰이크 자이드는 과거를 모르는 나라는 현재와

미래도 알지 못한다고 말했다. 과거를 알고 이해하며, 이 지식
으로 미래 사회의 발전을 이끄는 일은 셰이크 자이드가 그의
정부에 부과한 중요한 과제다.

　방문객에게 에미리트의 유산에 대한 지식을 소개하는 수많
은 박물관이 존재하지만, 사람들은 가족의 사회적 모임 및 연
례 문화유산 축제를 통해 전통문화를 생생하게 느낀다. 마디
낫 자이드의 알 다프라 축제에서, 수천 명이 낙타 미인대회를
위해 사우디아라비아처럼 멀리 떨어진 곳에서 몰려들었고, 알
와트바의 셰이크 자이드 문화유산 축제에서는 전통 춤과 음식

을 통해 민속 문화유산을 기념했다. 두 축제 모두 아부다비 에미리트에서 12월에 열린다.

아부다비와 두바이의 고층건물이 늘어선 도시보다 규모가 작은 에미리트에서는 과거에 대한 향수를 더 많이 간직하고 있으며, 샤르자의 문화유산 구역과 알 아인의 잘 보존된 요새와 야외 시장을 방문해 보면 현지 문화유산을 더 잘 이해할 수 있다.

전통 시는 아랍에미리트에서 부활하고 있다. 아랍에미리트 전역의 대학에서도 매년 재능 경연대회를 여는데, 가장 인기 있는 참가자는 거의 항상 시인이다. 또한 중동 전역의 수백만 명의 사람들은 TV를 켜고 〈시의 왕자〉 및 〈백만의 시인〉과 같은 리얼리티 시 경연대회를 시청한다. 두 프로그램 모두 아부다비에서 촬영되며 지역 팝송 경연대회인 '아랍인은 재능이 있다'와 같은 프로그램의 형식을 기반으로 제작되었다. 상금은 수백만 달러에 달하고, 그 밖에도 젊은 아랍인들이 동시대 이슈에 대해 자신들의 생각을 표현하는 통로의 역할도 하고 있다.

알 쉘라는 사막 공동체에서 악기 반주 없이 부르는 노래의 일종이다. 페르시아 만 전역에서 이러한 노래를 부르며 나라마다 차이가 있다. 아랍에미리트의 쉘라는 대부분 유명한 에미리트의 시인들이 작곡했고, 가령 낙타의 아름다움이나 항해, 사냥을 찬양하는 등 거의 모든 것이 주제가 될 수 있다. 과거에 사람들은 사막을 건너거나 항해할 때, 밤에, 모닥불 주변에서 시간을 보내기 위해 쉘라를 불렀다. 좋은 쉘라는 시가뿐 아니라 해석, 목소리의 억양, 노래가 리듬을 타는 방법과도 관련이 있다.

지난 수십 년 동안 쉘라가 점차 잊혀 왔지만, 연례 문화유산 축제인 알 다프라 축제와 아부다비의 '엠프티 쿼터' 사막에서 열리는 낙타 미인대회에 항상 쉘라가 있었다. 낙타 미인대회 중에는 우승자가 발표되기까지는 오래 기다려야 하며, 거의 항상 관중 속의 한 낙타 주인이 큰 소리로 부르는 쉘라가 갑자기 시작되며 시간을 보내게 된다.

이 독특한 춤은 사막 사파리에서 추는 벨리 댄스나 호텔 로비나 레스토랑에서 공연되는 아랍 공연과 같이 보통 관광객을 위해 마련된 춤과는 매우 다르다. 체류하는 동안 문화유산 축제를 관람할 정도로 운이 좋은 방문객은 보다 진정한 에미리트의 문화공연을 볼 기회를 가질 수 있다.

라이플총이 등장해 관람객들이 다소 놀랄 수 있는데, 에미리트의 결혼식에서는 라이플총을 공중으로 크게 쏘아 올리는 것이 관례다. 특별한 적대감을 드러내기 위한 것이 아니므로 안심해도 좋다.

에미리트인이 전통적으로 연주하는 악기에는 우드(아랍 국가에서 연주되는 현악기), 드럼, 탬버린(에미리트인은 다프라고 부름), 라바바(현악기), 둠백(잔 모양의 드럼) 등이 있다.

지금은 거의 사라진 에미리트 음악의 또 다른 모습은 페르시아 만의 진주조개를 캐는 아

성은 거의 전적으로 성별에 따라 규제
들을 일으키지 않고 친구가 될 수 있

문화의 영향으로 에미리트인과 대등
를 맺는 일은 가능할 것 같지 않아
하는 것은 신뢰를 형성하는 가장 흔
트인과 비슷한 문화적 배경을 가진
가 쉽다고 느끼며, 이슬람교도 외국
에서의 거의 동등한, 보다 큰 이슬람
하기도 한다. 이 밖에도 아랍 혈통을
과 아랍어로 대화할 수 있는 유리한

우 진지하게 생각하며, 우정은 시간
진지한 노력을 통해 만들어지는 것이
그 전의 관계로 거의 다시 되돌아가
깨지면 원한의 감정에 사무치게 된다.) 일부
방적이고 다정한 우정에 대한 확실한
보이지만 그 후 거리감을 두는 듯한
큰 실망감을 느끼기도 한다.

랍 잠수부의 노래에서 유래를 찾을 수 있다. 영국의 음악가 제이슨 카터는 위험한 일을 하는 남자들에게 심리적으로 중요한 역할을 하는 이러한 노래를 탐구하여 2017년 〈사막의 모래 한 알〉이라는 다큐멘터리를 찍었다.

에미리트의 전통 춤

이드 축제와 약혼, 결혼식 등의 특별한 행사에서 추는 에미리트의 전통 춤은 두 개의 다른 부족이나 가족이 합치는 것을 기념하기 위해 공연된다. 가장 인기 있는 형식의 춤은 오만의 북서부 지방과 아랍에미리트 전역에서 연행되는 알 아이얄라 (또는 '욜라')다. 흰색 칸도라스(남성용 전통 장의)를 입은 남성 무용수는 춤을 통해 전투 장면을 재현하면서, 리드미컬하고 몽롱한 드럼 비트에 맞춰 시를 노래한다. 창과 검을 상징하는 가느다란 대나무 막대를 손에 쥔 약 20명의 남자들이 두 줄로 나뉘어 서로 마주보고 선다. 이 줄 사이에서 연주자들은 드럼과 탬버린, 놋쇠 심벌즈를 연주한다. 두 줄로 마주 선 남성들은 드럼의 리듬에 맞춰 일제히 머리를 움직이며 대나무 막대기를

흔들고, 다른 연행자들은 칼이나 총을 든 대열의 주위를 돌면서 허공으로 무기를 던졌다가 받아낸다. 화려한 전통의상을 입은 어린 소녀들이 앞에서 긴 머리칼을 몸의 한쪽에서 다른 한쪽으로 넘기며 춤을 춘다.

에미리트 공동체에서 우정이 되며, 남성과 여성이 스킨 는 상황은 거의 없다.

종교와 역사, 통제하는 한 입장에서 진정한 관계 보인다. 조직에서 함께 일 한 방법일 것이다. 에미리 외국인은 이들과 친해지기 인은 그들 모두를 신 앞에 공동체의 일원으로 생각하 가진 사람들은 에미리트인 이점이 있다.

에미리트인은 우정을 마 을 들이고 진심을 보이는 다. 일단 우정을 맺게 되면 지 않는다. (이로 인해 우정이 에미리트인은 처음에는 개 약속을 나타내는 태도를 모습을 보이는 방문객에게

랍 잠수부의 노래에서 유래를 찾을 수 있다. 영국의 음악가 제이슨 카터는 위험한 일을 하는 남자들에게 심리적으로 중요한 역할을 하는 이러한 노래를 탐구하여 2017년 〈사막의 모래 한 알〉이라는 다큐멘터리를 찍었다.

에미리트의 전통 춤

이드 축제와 약혼, 결혼식 등의 특별한 행사에서 추는 에미리트의 전통 춤은 두 개의 다른 부족이나 가족이 합치는 것을 기념하기 위해 공연된다. 가장 인기 있는 형식의 춤은 오만의 북서부 지방과 아랍에미리트 전역에서 연행되는 알 아이얄라(또는 '욜라')다. 흰색 칸도라스(남성용 전통 장의)를 입은 남성 무용수는 춤을 통해 전투 장면을 재현하면서, 리드미컬하고 몽롱한 드럼 비트에 맞춰 시를 노래한다. 창과 검을 상징하는 가느다란 대나무 막대를 손에 쥔 약 20명의 남자들이 두 줄로 나뉘어 서로 마주보고 선다. 이 줄 사이에서 연주자들은 드럼과 탬버린, 놋쇠 심벌즈를 연주한다. 두 줄로 마주 선 남성들은 드럼의 리듬에 맞춰 일제히 머리를 움직이며 대나무 막대기를

흔들고, 다른 연행자들은 칼이나 총을 든 대열의 주위를 돌면서 허공으로 무기를 던졌다가 받아낸다. 화려한 전통의상을 입은 어린 소녀들이 앞에서 긴 머리칼을 몸의 한쪽에서 다른 한쪽으로 넘기며 춤을 춘다.

04

아랍에미리트인과
친구 되기

에미리트 공동체에서 우정은 거의 전적으로 성별에 따라 규제되며, 남성과 여성이 스캔들을 일으키지 않고 친구가 될 수 있는 상황은 거의 없다. 에미리트인은 우정을 매우 진지하게 생각하며, 우정은 시간을 들이고 진심을 보이는 진지한 노력을 통해 만들어지는 것이다. 일단 우정을 맺게 되면 그 전의 관계로 거의 다시 되돌아가지 않는다.

에미리트 공동체에서 우정은 거의 전적으로 성별에 따라 규제되며, 남성과 여성이 스캔들을 일으키지 않고 친구가 될 수 있는 상황은 거의 없다.

종교와 역사, 통제하는 문화의 영향으로 에미리트인과 대등한 입장에서 진정한 관계를 맺는 일은 가능할 것 같지 않아 보인다. 조직에서 함께 일하는 것은 신뢰를 형성하는 가장 흔한 방법일 것이다. 에미리트인과 비슷한 문화적 배경을 가진 외국인은 이들과 친해지기가 쉽다고 느끼며, 이슬람교도 외국인은 그들 모두를 신 앞에서의 거의 동등한, 보다 큰 이슬람 공동체의 일원으로 생각하기도 한다. 이 밖에도 아랍 혈통을 가진 사람들은 에미리트인과 아랍어로 대화할 수 있는 유리한 이점이 있다.

에미리트인은 우정을 매우 진지하게 생각하며, 우정은 시간을 들이고 진심을 보이는 진지한 노력을 통해 만들어지는 것이다. 일단 우정을 맺게 되면 그 전의 관계로 거의 다시 되돌아가지 않는다. (이로 인해 우정이 깨지면 원한의 감정에 사무치게 된다.) 일부 에미리트인은 처음에는 개방적이고 다정한 우정에 대한 확실한 약속을 나타내는 태도를 보이지만 그 후 거리감을 두는 듯한 모습을 보이는 방문객에게 큰 실망감을 느끼기도 한다.

외국인에 대한 태도

에미리트인은 매우 친절하고 따뜻하지만, 또한 모욕을 주려는 의도 없이 국적에 따라 외국인에게 특정한 특성을 부여하는 경향이 있다. 처음 만날 때 백인들은 대개 피부색이 좀 더 어두운 사람보다 더 정중한 대우를 받는다. 이러한 편견이 아직 남아 있기는 하지만, 아랍에미리트는 세계적인 공동체로 빠르게 변하고 있다. 거주자들은 대개 세계 문화에 대한 상당한 경험이 있고, 이러한 경험이 관용과 이해로 이어지고 있다. 뚜렷이 구별되는 다국적 외국인 문화도 생겨나고 있으며, 특히 국적보다는 공통된 관심사를 바탕으로 친분을 쌓는 두바이에서 두드러지게 나타나고 있다.

인사

동성의 에미리트 친구와 가족은 보통 서로의 코를 맞비비는 코 키스로 서로 인사하지만, 외국인 방문객이 똑같이 따라 하려고 하면 이상한 기분이 들거나 재미있게 느껴질 것이다.

에미리트인은 대개 영어로 대화하는 것에 매우 익숙한 데도 외국인이 아랍식으로 인사하려고 하면 매우 고마워한다. 많은 상황에서 아랍어를 공식적으로 사용한다. "살람 알라이쿰"[일반적인 아랍식 인사로 "당신에게 평화가 깃들기를"이라는 의미가 있으며, 적절한 대답은 이와 매우 유사한 "와 알라이쿰 앗살람"(당신 또한 평화가 깃들기를)이다]이라고 말하는 것이다. 이 인사말은 전화나 이메일에서뿐 아니라 얼굴을 맞대고 인사할 때도 사용한다. 아랍의 연사는 상황에 맞춰 한동안 "안녕하세요?", "잘 지내시죠?"와 같은 다소 의례적인 사교적 인사말을 건넬 것이다. 이러한 질문에 대한 적절한 아랍식 대답은 (방언에 따라 약간 차이가 있지만) "알 함두 릴라"라고 말하는 것으로, "신의 가호에 감사를"이라는 의미로 해석할 수 있다. 대화는 개인이 신에 대한 자신들의 복종을 나타내는 또 다른 기회다. 또한 상황에 따라 환대나 다과가 제공될 수 있다. 일반적으로 상대방이 환대를 나타낼 기회를 주기 위해 상대가 제공하는 것을 받는 게 예의 바른 행동이다.

공식적인 서면 교류나 이슬람 사람들이 소유하거나 대부분 경영하는 기업에서 대중 연설을 하는 경우 "자비로운 신의 이름으로"라는 뜻의 종교적 기도문으로 시작하는 것이 관례다. 이와 관련해 방문객은 에미리트인에게 조언을 구하거나 필요한 표현에 대해 신문과 책자에 나온 예를 주의 깊게 살펴보는 것이 좋다. 또한 모든 종류의 삽화나 그래픽을 소통의 수단으로 사용할 때는 매우 신중해야 하는 것도 명심해야 한다.

환대

환대는 아랍 사회의 중요한 미덕 가운데 하나다. 환대의 중요성은 타고난 관대함보다는 사막에서의 삶에서 역사적 배경을 찾을 수 있다. 멀리 떨어진 곳에서 거래를 활발히 할 수 있으려면 여행자가 집에서 멀리 떨어진 곳에 도착해 안심할 수 있는 진심 어린 환영을 받는 일이 중요했다. 이 환대 문화는 에미리트 사회에 깊이 뿌리내렸고, 모든 에미리트인은 그들이 할 수 있는 모든 방법으로 다른 사람을 맞이할 기회를 기꺼이 받아들일 것이다. 최근 몇십 년 동안에 대부분의 사람들이 사용할 수 있는 돈의 액수와 그에 따라 제공하는 환대의 규모가 크게 변했다.

종종 사람들은 보다 후한 다과를 제공하여 경쟁적으로 자신들의 관대함을 나타내는 것처럼 보인다. 누군가의 호의를 감사히 여긴다면, 다른 곳에서 받은 환대에 대해 의견을 말하는 것은 거의 대부분의 경우에 바람직하지 않으며, 특히 지금 받고 있는 환대가 전보다 다소 좋지 못한 것으로 보일 때는 더더욱 그렇다.

초대에 응할 때는 사교적 모임이 종종 이른 새벽까지 계속될 수 있다는 점을 알아야 한다. 이러한 시간을 함께 즐길 수 있는 준비를 하거나 행사의 일부만 참여할 수 있다는 점을 정중하게 알리는 것이 좋다. 예기치 않게 일찍 떠나는 일은 불만을 나타내는 것으로 해석될 수 있으며, 이런 행동은 주최자의 환대를 크게 무시하는 일이다. 반면 식사를 마친 후에 대화를 끝내는 것은 떠날 시간을 알리는 일이므로 주의해야 한다. 과거에는 손님이 배불리 먹었다는 것을 나타내기 위해 트림을 하기도 했지만, 이러한 관습은 사라진 것처럼 보이며 이제는 더 이상 권장되지 않는다. 손님은 초대한 주인에게 충분하고 진심 어린 감사 인사를 해야 하고, 그러면 주인은 정중하게 칭찬을 받아들일 것이다.

집에 초대받을 때

에미리트 사람의 집에 초대되는 일은 흔치 않으며 이러한 초대
는 누군가를 알게 되는 소중한 기회다. 대가족이 사는 큰 집
에 초대받는 일은 젊은 남성이나 부부가 사는 아파트에 초대
되는 것과는 상당히 다르며, 어쨌든 초대를 받으면 작은 선물
을 가지고 가는 것이 좋다. 하지만 초대한 사람이 제공할 환대
에 비해 사소해 보일 수 있는 선물을 가져가서는 안 된다. 음
식, 특히 술을 가져가는 것은 권하지 않는다.

누군가의 집에 들어갈 때는 신발을 벗고 방석이나 낮은 의
자에 앉는 것이 보통이며, 앉는 방법에 대해서는 몇 가지 주의
를 기울여야 한다. 다리를 보이지 않게 가리고 양반다리로 앉
는 연습을 하는 것이 좋다. 여성은 아바야(아랍인들이 옷 위에 두르
는 긴 천-옮긴이)를 입지 않는다면, 몸에 붙지 않는 바지를 입어
단정하게 보이는 것이 바람직하다. 가정에 여성만 있는 경우
에미리트 여성은 머리에 쓰는 스카프를 편하게 벗기도 하며,
이런 행동에 비이슬람 방문객은 때때로 사회적 장벽이 사라진
것처럼 느끼기도 한다.

관련한 사회적 행사의 종류에 따라 긴 시간을 앉아 있어야

할 수도 있고 그렇지 않은 경우도 있다. 효과적인 방식으로 보이지는 않지만, 서로를 알아가고 서로에게 신뢰를 느끼게 되는 과정의 중요한 일부분이다. 남성과 여성이 함께 가정을 방문하면, 남녀를 엄격하게 구분해 떼어놓기 때문에 떠날 때까지 그들이 집안에서 만나게 될 가능성은 거의 없다. 여성들은 대개 옷을 입어보고 서로를 아름답게 꾸미는 데 시간을 보내지만 개인마다 큰 차이가 있다. 또 특정한 옷이나 머리모양이 마음에 드는지 그렇지 않은지에 대해 거리낌 없이 말하거나, 누군가 살이 찌거나 빠진 것을 지적하기도 하는데, 이런 말에는 상대방의 기분을 나쁘게 하려는 의도는 없다.

수 세기 동안 커피와 대추야자를 재배해 오고 있어 진하고  쓴 아랍식 커피와 대추야자를 자주 대접받게 될 것이다. 사막의 태양 속에서 시간을 보낸 후에 단맛이 나는 대추야자와 진한 커피가 어떻게 완벽하게 조화를 이뤄 필요한 활기를 북돋는지는 먹어본 사람만 알 수 있을 것이다.

권하는 음식을 너무 자주 거절하는 것은 예의에 어긋나는 일이므로 엄격한 식습관은 유지하고 있더라도, 먹어도 괜찮은 음식은 사양하지 않는 것이 좋다.

채식은 실제로 아랍 문화에 일부는 아니지만, 빵과 후무스(으깬 병아리콩과 오일, 마늘을 섞은 중동 지방의 음식-옮긴이), 요구르트, 렌즈콩, 밥 등의 적절한 곁들임 요리를 먹을 수 있을 것이다. 시럽이 든 터키의 달콤한 바클라바(견과류, 꿀 등을 넣어 만든 파이의 일종-옮긴이)와 기름에 튀긴 달콤한 만두인 에미리트의 루카이마트는 에미리트 가정에서 전통적으로 즐겨 먹는 디저트다.

품행

아랍과 이슬람 전통 모두에서 왼손을 불결하고 악에 속하는 것으로 보는 일은 흔하다. 그래서 다른 사람에게 물건을 줄 때는 오른손만을 사용해야 하고 물건을 받을 때도 마찬가지다. 지위가 높은 사람으로부터 무언가를 받을 때는 왼손을 오른손 아래 놓거나 손목을 받치도록 할 수 있지만, 무언가를 건네는 사람의 손을 절대 만져서는 안 된다. 에미리트 사람들은 종종 신뢰하는 사람을 두 손으로 잡으며 이러한 금기를 깨기도 한다. 함께 식사할 때나 다른 사람도 사용하는 그릇에서 음식을 가져올 때는 어떠한 경우에도 왼손을 사용해서는 안 된다. 집에서는 대부분의 에미리트인이 손으로 먹는 것을 선호한다. 다른 아시아 국가들과 마찬가지로 에미리트 아이들은 타고난 성향에 관계없이 오른손으로 글을 써야 하며, 이로 인해 때때로 학업에 지장이 생기기도 한다. 하지만 이러한 관습에 관해 지적하는 것은 무례하게 비춰질 수 있다.

이슬람 사람들은 기도하기 전에 손과 발뿐 아니라 팔꿈치까지 팔을 씻고 무릎까지 다리를 씻어야 한다. 발로 하는 모든 일은 불결하게 여겨질 수 있으므로 다른 사람을 발로 가리키거나 발바닥을 무심코 드러내지 않도록 주의해야 한다. 또 지위와 여러 사람 가운데 가장 높이 위치해 있는 것 간에는 상관관계가 있다. 따라서 함께 양반다리를 하고 앉아 있을 때도 같이 앉아 있는 사람보다 키가 더 커 보이지 않도록 조심해야 한다. 다른 사람의 행동을 따라 해 보면 올바른 행동에 관한 힌트를 얻을 수 있을 것이다.

마지막으로 다양한 사회적 상황에서 가령, 다른 사람이 문을 먼저 지나게 하거나 음식점에서 여러 사람을 대신해 식사를 주문하는 것 등은 삼가며 자신을 낮추는 태도를 예의 바르게 여긴다. 단체 식사에 대한 비용을 지불하는 것과 같은 일로 꽤 격렬한 실랑이가 벌어질 수도 있다. 방문객은 상대방에게 적절하게 양보하기 전에 약간의 주저하는 기색을 보여야 한다. 그렇게 함으로써 상대방의 관대함을 드러내 그의 위신을 높일 수 있다. 무언가가 정말로 필요하지 않다는 것을 다른 사람에게 납득시키기 전에 몇 차례의 거절을 할 필요가 있다. 에미리트 사람들에게 무언가를 한 번만 권한 다음 그들이 처음에 하는 의례적인 거절을 그대로 받아들여서는 안 된다. 에미리트인은 거의 다른 모든 미덕보다 관대함을 가장 높이 평가한다는 것을 기억하면서, 같은 제안을 적어도 두 번은 해야 한다.

05

가정에서의
에미리트인

서구 사회에서 부모는 아이들을 독립적으로 키우고 성인이 되면 그들과 떨어져 살도록 교육하는 것을 자랑한다. 반대로 아랍 세계에서는 집단 정체성과 소속감이 핵심적인 자리를 차지한다. 에미리트 부모는 자녀가 결혼할 때까지 집에서 살도록 하고, 그러고 나서 심지어 그들의 아들이나 딸이 새 배우자를 데려와 그들과 함께 또는 적어도 옆집에 살 것을 권하기도 한다.

가정

아랍에미리트의 문화유산과 전통은 오늘날에도 여전히 매우 건재하지만, 이러한 문화유산과 전통을 찾아보려면 고층건물과 쇼핑센터를 넘어 에미리트 가정으로 향해야 한다. 서구 사회에서 부모는 아이들을 독립적으로 키우고 성인이 되면 그들과 떨어져 살도록 교육하는 것을 자랑한다. 반대로 아랍 세계에서는 집단 정체성과 소속감이 핵심적인 자리를 차지한다. 에미리트 부모는 자녀가 결혼할 때까지 집에서 살도록 하고, 그러고 나서 심지어 그들의 아들이나 딸이 새 배우자를 데려와 그들과 함께 또는 적어도 옆집에 살 것을 권하기도 한다.

중산층의 에미리트 가정은 중심가의 큰 집이나 빌딩 단지에 대가족으로 사는 경우가 많다. 사생활을 무엇보다 중시하며 집은 보통 높은 벽으로 둘러싸여 외부인이 들여다보는 것을 막는다. 예기치 않은 손님이 찾아오는 것을 반기지 않으므로 특별한 약속을 기다리는 편이 낫다. 아랍에미리트에 거주하는 부유한 서양인은 수영장이 있는 빌라를 갖는 것을 선호하며, 에미리트 시민 사이에 수영은 인기 있는 취미 생활이 아니고 그 대신 마당에 세워진 전통 텐트를 갖고자 한다. 에미리트인은 그늘이나, 종종 블라인드를 내린 실외에서 시간을 보내는 것을 더 좋아하기 때문에 실외 정원 공간은 크게 중요시하지 않는다. 이러한 이유로 아랍에미리트는 세계에서 가장 높은 비율(2016년 연구에 따르면, 85퍼센트 이상)의 비타민 D 결핍이 있는 나라 중 하나다.

일반적으로 남성과 여성이 같은 공간을 사용하는 것이 허용되지 않기 때문에 이용할 수 있는 재원에 따라 여러 시설과 여러 개의 방을 함께 만들어 남성들이 남성 전용 식당과 응접실, 화장실을 사용할 수 있게 하고, 여성들도 여성 전용 공간을 가질 수 있게 한다. 7세 미만의 아이들은 일반적으로 이러한 제한을 면제하고, 여자아이는 여덟 번째 생일에 이러한 분리가 적용된다.

가족생활

1970년에는 에미리트 가정에서 적어도 7명의 아이를 갖는 것은 흔한 일이었다. 현재는 에미리트인이 결혼을 늦게 하는 추세여서 평균적으로 약 3명의 아이를 갖는다. 그런데도 이 3명의 아이로 여전히 대가족을 이루고 바쁜 가정생활을 하게 되기 쉽다. 여러 명의 아내를 갖는 남편의 경우, 각각의 아내는 보다 큰 공간에서 자신들만의 가정을 가질 것이고, 한 명의 부인이 새로운 가정부나 운전사가 생기면, 다른 부인들 역시 똑같이 가정부나 운전사가 있어야 한다. 부인들과 그들의 여러 아이들, 친척들 간의 관계는 상당히 다양할 수 있다. 첫 번째 부인은 거의 항상 에미리트인이며, 그다음에 오는 부인들은 이따금 외국인인 경우도 있다. 새로 가족이 된 여성들과 그에 따른 식구들은 자신들 고유의 관습과 취향도 가져오며, 이런 다른 관습과 취향이 아이들을 양육하는 방식에 다양성을 부여한다. 대가족 식구들이 첫째 부인을 가족으로 맞아들이고 나서 사교 모임에 다른 부인들과 아이들 대신 이 첫째 부인을 초대하는 경우가 흔하다.

어린 시절

요즘에는 에미리트 아이들이 많은 혜택을 누리며 사는 경우가 많다. 하지만 '버릇없는' 아이들이라는 말은 여전히 비교적 낮

선 개념이다. 사실, 불과 50년 전까지만 해도 한정된 가정 수입으로 인해 과도한 물질적 부로 아이들을 버릇없이 키우는 일이 거의 불가능했다. 또한 아이들이 자신들을 훈육할 권한이나 확신이 없기도 한 가정부에 심하게 의존하는 경향도 있다. 가정부는 아이들의 응석을 다 받아주고 달라는 대로 설탕이 든 간식을 주며 비디오게임을 하고 싶은 대로 하게 놔두기 쉽다. 이러한 잠재적 위험은 에미리트인에게만 한정된 이야기가 아니며, 많은 외국인 부모가 비슷한 문제에 맞닥뜨리고 있다. 하지만 이 문제가 에미리트 가정에서 더 심각해졌는데, 대개 부모가 아이마다 따로 가정부를 고용하기 때문이다. 부모가 최대 7명의 아이들을 데리고 각 아이의 가정부, 최소 1명의 운전사와 모두 같은 집에 사는 것은 특이한 일이 아니다. 이렇게 지나치게 관심을 기울이게 되면 아이가 쉽게 제멋대로 행동할 수 있다.

아랍에미리트는 안전한 국가이며, 에미리트 부모는 보통 어린 나이부터 아이들을 밖에서 놀게 하는 것에 만족스러워한다. 밤에 에미리트 인근을 지나 운전하는 사람은 길에서 아이들을 주의하여 살펴봐야 한다. 에미리트 문화에서 아이들이 자는 시간은 서양에서보다 덜 엄격하게 지켜지고 있다.

서양의 외국인 가족이 낮 동안에 햇빛을 최대한 즐기려고 하는 반면 에미리트인은 실내에 머무르는 경향이 있다. 그들의 조상에게 태양을 피하는 일이 생존에 필수적이었던 점을 고려하면 자연스러운 성향이라고 할 수 있다. 따라서 에미리트인은 땅거미가 진 시간을 최대한 활용하기 위해 훨씬 늦은 시간에 잠자리에 든다. 이러한 생활을 가장 뚜렷하게 볼 수 있는 곳이 바로 아랍에미리트의 공원이다. 아침이나 이른 오후는 밤에 아이들을 먼저 재우곤 하기 때문에 서양인이 밖으로 놀러 나오는 시간이다. 레반트 아랍인이 그 뒤를 이어 나오고, 저녁에는 에미리트인이 나오는데, 이들의 아이들은 종종 밀린 잠을 보충하기 위해 오후에 낮잠을 잔다.

교육

과거에 베두인족은 글을 쓰지 못했고, 대신 구전 전통에 의존하여 선조들의 위대한 공적에 대한 노래와 이야기를 전했다. 아부다비의 첫 교사인 아흐메드 맨소어는 그의 책《모래 오두막과 소금물》에서 1950년대 말에 수도에서 에미리트 1세대 남학생에게 읽고 쓰기를 가르쳤던 일을 서술하고 있다. 최근 정부에서는 샤르자와 아부다비, 두바이에서 열리는 연례 도서 및 문학 축제와 더불어 적극적으로 사람들에게 독서를 장려해 오고 있다. 전국에 새로운 도서관이 문을 열었고, 2016년을 '독서의 해'로 선포되기도 했다.

대부분의 교사는 해외 출신이고, 보다 많은 에미리트인을 교사직에 끌어들이기 위한 최근의 노력은 현재까지 제한된 성과를 올리는 데 그쳤다.

일반적으로 학교는 충분한 재원을 지원받지만, 교사들은 생계를 위해 대개 학생들의 비위를 맞춰 주며, 일부 학생은 이러한 점을 악용하기도 한다.

해외로 긴 가족 휴가를 떠나는 것은 흔한 일이다. 이러한 여행으로 경험의 폭을 넓힐 수 있지만, 대부분의 에미리트 가족은 석 달간의 긴 여름 휴가를 위해 6월 초에 아이들을 학교에서 데려가므로, 결과적으로 학업에 지장을 받게 된다.

최근까지 교육제도는 학생들이 교사가 정해 준 내용을 외우고 글자 그대로 그것을 반복하면 보상을 받는 주입식 암기 방식이 주를 이뤘다. 또한 교육의 일환으로 학생들이 코란을 외우고 암송하도록 했다. 이러한 주입식 제도는 최근에 보

다 창의적인 교육방식이 도입됨에 따라 바뀌고 있다. 다소 논란이 있지만 이제 수학과 과학은 영어로 수업이 진행된다. 에미리트인은 대체로 영어를 유창하게 말하지만, 많은 아이들이 영어를 쓰는 일은 어려워하며, 아랍어를 글로 쓰는 수준 역시 떨어지고 있다. 과거에 에미리트 학생들은 유리한 공직을 손쉽게 얻을 것을 예상하며 졸업했지만, 이제 정부는 이들에게 이러한 일이 더 이상 보장되지 않는다는 점을 알리기 위해 노력하고 있다. 현재 지도자들은 이 젊은 세대가 새로운 지식 기반 경제를 형성하는 데 핵심적이라는 것을 인식하고 있다.

공학은 에미리트인이 높이 평가하는 일이며, 종종 많은 에미리트의 부모들은 그들의 아이들이 대학에서 공학이나 비즈니스 관련 학과를 전공하도록 부추기고 있다. 에미리트의 여학생은 대학까지 교육을 받을 수 있으며, 허용되는 전공 분야가 확대되긴 했지만, 가족의 가장은 이러한 문제로 논쟁이 생기면 독단적으로 결정할 수 있다.

일상생활

이슬람교 신자에게 일상은 하루 5번의 기도로 구분된다. 에미리트인은 흔히 도시에서 멀리 떨어진 외곽의 교외에 살기 때문에 하루 중 긴 시간을 에어컨이 나오는 차에서 에어컨이 나오는 집이나 사무실로 운전하는 데 (또는 운전하는 차에 탄 채) 보낸다. 사람들은 보통 아랍에미리트보다 훨씬 더 시원한 기후에 맞춰 옷을 입는데, 하루의 거의 전부를 냉방장치가 있는 시원한 환경에서 보내기 때문이다.

과거에 여성들의 가사일에는 음식 준비와 집안일 외에 시장에 가는 일도 포함되었다. 이러한 일 중 상당 부분이 노동력을 절감하는 여러 기구와 가정부로 대체되며 편해졌고, 에미리트 여성은 자신의 기준에 맞춰 가사 정리를 감독하는 일을 맡는다.

【 가정부 】

가정부에 대한 문화적 태도는 노예제가 세계 다른 지역보다 훨씬 늦게까지 페르시아 만에서 지속되면서 형성되었다. 매튜 하퍼의 《주인의 노예: 세계화와 제국의 시대의 아라비아의 노예제》에 따르면, 19세기 후반에 80만 명에 이르는 노예가 페르시아 만으로 운송되었고, 이들 대다수가 동아프리카 출신이다. 1930년대에 세계 대공황의 여파로 진주와 대추야자 시장이 붕괴되자 많은 노예들이 해방되었고, 아랍에미리트는 현재 상당수가 이러한 노예의 후손인 흑인 에미리트 가정의 고향이 되었다. 노예제는 1963년에 마침내 법으로 폐지되었지만, 요즘에는 보통 필리핀과 인도네시아, 스리랑카, 네팔에서 오는 아랍에미리트의 가정부는 최근까지도 부도덕한 고용인으로부터 거의 보호받지 못했다. 하지만 2017년 가사 노동자에게 주 1회의 휴가와 연간 30일의 유급휴가, 여권을 보유할 권리, 하루에 최소 12시간의 휴식을 보장하는 법이 제정되면서 이러한 일에 변화가 생겼다. 이 법을 통해 소수의 에미리트 가정에서 지속적으로 발생하는 가사노동자에 대한 학대가 근절될 것으로 기대된다.

의복

【 여성의 의복 】

젊은 에미리트 여성은 몸을 가리는 검은 아바야와 머리에 쓰는 샤일라를 착용함으로써 여전히 사회적 규범에 순응하고 있다. 그러나 이 전통 의상은 여성들에게 자신만의 스타일을 표현할 방법을 제공하기 위해 수년에 걸쳐 조금씩 수정되어 왔다. 옷감과 끝단의 장식, 신는 신발을 선택하여 여성들은 자신

만의 개성을 완성할 기회를 얻는다. 공개적으로 드러날 수 있는 스타일을 강조하는 경향이 있으며, 많은 젊은 에미리트 여성은 세련된 명품 핸드백뿐 아니라 구할 수 있는 가장 높고, 화려한 하이힐, 진한 화장, 정교한 네일 아트에 탐닉한다. 이 외에도 액세서리 시장이 호황을 누리고

있다. 좀 더 보수적인 이웃의 사우디아라비아 여성과 달리, 일부 젊은 여성은 앞쪽에 머리가 나오도록 샤일라를 쓴다. 또 많은 여성들이 속에 입은 화려한 옷이 살짝 보이도록 아바야를

• 부르카 •

아랍에미리트 방문객은 황색 얼굴 마스크를 쓴 나이 많은 에미리트 여성들에 주목했을 것이다. 부르카로 알려진 이 마스크는 전통적으로 페르시아 만 전역의 여성들이 착용했지만, 지역마다 약간씩 다른 모양과 스타일을 받아들였다. 두바이에서는 부르카의 윗부분이 좁고 아래가 넓고 둥근 형태다. 알 아인에서는 위, 아래가 모두 좁게 만들어진다. 부르카를 쓰는 이유는 여성의 정숙함을 지키는 것과 관계가 있지만, 피부를 아름답고 희게 하는 효과가 있다고 알려져 있다. 평생 부르카를 착용한 여성은 우윳빛의 하얀 피부를 가지며 가린 부위를 부르카가 햇빛으로부터 보호하기 때문에 마스크를 착용한 부위에는 주름이 더 적다고 말한다. 또한 부르카로 주름, 흉터, 깨진 치아를 잘 숨길 수도 있다. 에미리트 아이들에게 큰 인기를 끌고 있는 TV 애니메이션 〈Freej〉 덕분에 요즘에는 부르카가 에미리트 문화의 상징으로 부활했다. 이 애니메이션은 외딴 두바이 인근에 살며 도시의 빠른 현대화에 대처하는, 부르카를 입은 네 명의 나이 많은 에미리트 여성에 관한 이야기다.

입는다. 더 보수적인 여자들은 베일이나 부르카(마스크)로 얼굴을 가리고 아바야를 입어 몸을 모두 덮고, 속에는 가슴과 손목에 자수를 놓은, 길이가 긴 전통 의상 무카와르를 입는다. 여성들은 마음에 드는 소재를 선택하고 무카와르와 아바야를 몸에 맞춰 재단하기 위해 재단사를 찾아간다. 보통 바느질 솜씨로 유명한 파키스탄 남성들이 이런 재단 일을 맡아 한다.

서양에서는 이슬람 여성들이 자발적으로 아바야를 입는 것에 대해 오해가 만연해 있다. 역사적으로 아바야는 몸을 가리기 위해 입는 가벼운 긴 옷–사막의 태양에서 실용적인 필수품–이었지만, 모든 부족이 아바야를 필수적으로 여기지 않았다. 요즘에는 외국인 인구가 많은 나라에서 검은 아바야는 종교적 문화적 가치관 외에도 페르시아 만 아랍 여성이라는 사회적 위치를 말해 주기도 한다. 코란에서는 정확히 어떻게 여성이 스스로를 가려야 하는지에 대해 다소 모호하게 설명하여 해석의 여지를 크게 남겨 놓았다. 현재 이슬람 패션은 스타일과 재단, 색상 면에서 계속해서 외연을 확장하고 있다.

헤나

축하 행사를 위해 여성들 은 관례상 헤나 잎과 열매 에서 추출해 만든 갈색의 헤나 반죽으로 손과 발을 장식한다. 헤나는 피부에 달라붙어 떨어지지 않고

남아 있는 특별한 특성이 있다. 과거에는 지정된 에미리트인 여성이 부족의 여자들과 소녀들에게 헤나를 염색해 주었지만, 지금은 주로 여성들이 중동의 여러 지역에서 온 헤나전문가가 다양한 무늬를 그려 주는 미용실을 방문한다. 마르고 나면 염 료의 소용돌이 치는 복잡한 패턴이 어두운색으로 변하고, 며 칠 후에는 갈색의 윤곽이 생생한 붉은빛이 도는 갈색으로 변 한다.

【 남성의 의복 】

빈틈없이 면도한 수염과 길고 빳빳한, 티 하나 없이 하얀 칸 두라(가운)를 입은 에미리트 남성은 세계적으로 말쑥한 외모를

자랑한다. 언뜻 보기에 에미리트의 칸두라는 사우디아라비아와 쿠웨이트, 카타르, 오만의 전통 의상과 똑같아 보일 수 있지만, 실제로 이들 나라의 옷은 모두 약간씩 차이가 있다. 에미리트의 칸두라는 보통 칼라가 없고, 대개 옷깃과 소매를 따라 수놓아진 자수에 어울리는 길고 느슨한 술이 달린 점이 특징이다. 요즘은 유행을 따르는 일부 에미리트 남성들이 파란색이나 갈색, 검은색 칸두라를 입어 자신을 다른 사람들과 구별하려고 한다.

일반적으로 남성들은 머리에 구트라를 쓴다. 구트라는 보통 흰색이나 흰색 자수가 수 놓인 붉은색 면으로 만든 사각형 천이다. 젊은 에미리트 남성들은 격식을 차리지 않는 행사에서는 야구 모자를 쓰는 것을 선호하거나 심지어 머리에 아무것도 쓰지 않고 외출하기도 한다. 또 칸두라 위에 비쉬트라고 하는 어두운색의 망토를 입은 남자도 볼 수 있는데, 이 비쉬트는 의례 행사에서 왕족이나 중요 인사가 입는 옷이다.

전통 복장을 한 에미리트 남성이 현대 세계를 받아들이지 않는다고 생각하는 것은 잘못된 것이다. 대부분의 남성은 지나칠 정도로 여행을 잘 다니고, 최신 할리우드와 발리우드의 영화를 즐겨 보며 최신 스마트폰으로 인기 있는 노래를 듣는다.

가족 행사

금요일은 대가족이 모이는 날이다. 남자들과 여자들이 별도로 만나지만 이날에 가족들은 연회와 선물 교환, 보통은 함께 있는 것으로 관계를 재확인할 수 있다. 일반적으로 가족 행사는 집안에서 열리지만, 젊은 사람들이 레스토랑이나 카페에서 만나는 일이 점차 흔해지고 있다. 집안에서의 모임에서는 대체로 함께 식사하는 일이 중심을 차지한다. 하지만 여성들의 공간에서는 노래를 하거나 환호성과 외침이 터져 나오기도 하며 남성들의 방에서는 시 암송을 하기도 한다. 현대 세계는 아랍에미리트의 가족 행사에도 영향을 미쳤는데, 다른 곳과 마찬가지로 젊은 세대는 친구들과 메시지를 주고받거나 온라인 게임을 하는 것을 더 좋아한다. 어르고 달래는 일이 흔한 모습이 되었다.

【 가정식 】

최근 50년간 에미리트 가정에서 먹는 음식이 크게 변했다. 해외에서 수입한 음식으로 에미리트인은 세계 각지의 요리, 특히 다양한 패스트푸드에 대한 기호를 형성하게 되었다. 그러나 금요일의 가족 모임에서는 전통 음식, 특히 고기(주로 양고기), 밥, 말린 라임, 사프란, 다양한 야채를 섞어 만든 알 마추부스를 여전히 즐겨 먹는다. 과거에는 종종 밥과 라임과 함께 생선을 주식으로 먹었고, 고기는 아기의 생일, 코란 암송을 기념하는 날, 셰이크를 기리는 날 등의 특별한 행사에만 먹는 진미로 간주되었다.

오늘날 에미리트의 젊은 여성들은 전통 요리 대신, 케이크를 만들어 종종 케이크를 정교하게 장식하고 인스타그램에 사진을 올려 자신들의 요리 실력을 선보이고는 한다. 식사는 대개 감독하에 가정부가 요리하거나 배달해 먹는다.

아랍에미리트 문화에서 향의 중요성

아마도 방문객은 쇼핑센터 도처의 향수 판매대 버너에서 퍼져 나오는 진하고 독특한 아라비아의 우드 향에 대해 호기심을 느낄 것이다. 우드는 두 가지의 기본적인 방식으로 나온다. 태우면 진한 향의 연기가 나는, 송진에 흠뻑 젖은 나무와 증류한 석유이다. 이 두 가지 모두 특정한 유형의 곰팡이에 감염되면 짙은 색의 강한 향이 나는 송진을 만들어 내는 한천나무에서 유래했다.

거의 모든 에미리트 가정에서 손님을 환대하는 표시로 나무 형태의 우드를 적어도 일주일에 한 번, 특히 금요일에 태운다. 우드는 나뭇조각의 형태로 태운 것 외에도, 압축한 단단한 톱밥 가루인 부쿠르의 형태로도 나온다.

에미리트 가정의 여성 모임에 초대를 받으면, 우드 버너가 그룹을 돌며 건네지게 될 것이다. 여성들은 차례로 버너를 받아 연기를 들이마시고 자신들의 아바야 아래에서 연기가 퍼지도록 하여 진한 향이 옷에 스며들게 한다. 이러한 매우 관능적인 의식은 저녁 내내 계속될 것이다.

우드는 사교모임에서 피우기만 하는 것이 아니다. 요리 냄새를 제거하고 대개 공기 방향제의 역할을 하는 등 우드는 일상생활에서도 중요한 부분을 차지하고 있다. 우드에 스미게 하는 향료는 (때때로 길게는 3개월 동안도 배어들게 하는데) 시대에 맞춰 변화했고, 일부 젊은 에미리트인은 서양 향수의 좀 더 달콤한 향이 전통적인 아리비아 톤에 더해진 향을 선호한다. 구찌, 톰 포드, 디올, 아르마니와 같은 서양 명품브랜드는 그들의 향수 컬렉션에 우드 향을 포함하여 페르시아 만 고객을 목표로 삼고 있다. 에미리트의 젊은 여성에게는 자신들만의 향수를 듬뿍 뿌리는 것이 아침 화장의 가장 중요한 마무리이므로 이들 옆을 지나게 되면 진한 향이 풍겨질 것이다.

아랍에미리트의 전통적인 조향사가 현재 계속 사용하고 있는 전통 향에는 앰버와 샌들우드, 머스크, 샤프란 등이 있다. 향료 배합에 인기 있는 또 다른 향은 프랑킨센스로, 인접한 오만에서 자라는 보스웰리아 나무에서 추출한 송진이다. 살균 효능 외에도, 몇몇 에미리트인은 여전히 프랑킨센스가 정령을 몰아내는 효력이 있다고 믿는다.

품질이 우수한 우드는 약 500그램에 2만 달러 이상에 팔릴 정도로 값이 비싸다. 이렇게 비싼 이유 중 하나는 희소성 때문이다. 일부에서는 2퍼센트 미만의 야생 한천나무가 우드를 생산하는 것으로 추정한다. 전문가들은 최고의 우드는 훨씬 더 희귀한 가장 오래된 나무에서 나온다고 말한다.

향수는 에미리트 문화에서 중요한 최음제로 여기기 때문에 알코올이 든 향수를 옷과 피부에 뿌리는 일은 신부가 결혼을 준비하면서 거치는 필수적인 의식이다.

06

여가 생활

더운 기후의 나라에서는 종종 낮의 여가시간이 긴 문화가 있다. 이러한 시간은 보통 동성의 사람들과 함께 보내며, 이들의 여가생활이 앞으로 생겨날 여가활동에 영향을 미친다. 여가 시간은 휴식을 취하며 이야기하고, 관계를 형성하고 공고히 하는 데 보낸다.

더운 기후의 나라에서는 종종 낮의 여가시간이 긴 문화가 있다. 이러한 시간은 보통 동성의 사람들과 함께 보내며, 이들의 여가생활이 앞으로 생겨날 여가활동에 영향을 미친다. 여가시간은 휴식을 취하며 이야기하고, 관계를 형성하고 공고히 하는 데 보낸다. 오늘날에는 새로운 형태의 기술로 인해 에미리트 사람들에게 펼쳐진 여가활동의 종류가 크게 확장됐지만, 일반적인 문화는 변하지 않았다. 에미리트인은 혼자 있고 싶어 하는 것과 개인주의의 모든 생각을 배척하며, 독서와 같이 고독을 추구하는 일은 인기를 끄는 데 오랜 시간이 걸렸다.

쇼핑

방대한 지역이 아랍에미리트 쇼핑몰 전용 공간으로 바뀌면서 - 온라인 쇼핑의 등장을 고려해 보면 아마도 지속적인 수요에서 그 이유를 찾을 수 있을 것이다 - 거의 모든 전 세계 명품 브랜드가 이곳에 매장을 열었다. 유명한 중세의 아랍인 탐험가 이븐 바투타가 과거에 방문했던 세계 각지를 테마로 장식한 이븐 바투타 몰과 같이 쇼핑몰은 특정한 테마로 매장을 꾸

며 관광객을 끌어들이기도 한다. 또한 쇼핑몰에서는 당첨금이 높은 복권과 경품을 제공하여 쇼핑객을 유혹한다.

두바이에서는 가령, '금 시장', '향신료 시장', '향수 시장', '직

물 시장'과 같이 파는 물건의 이름으로 통용되는 시장에서 여전히 물물교환이 일어난다. 아랍의 옷감과 향수는 독특한 선물이 될 수 있다. 아랍에미리트에서 생산한 제품을 찾는다면, 알 포아 유기농 대추야자(알 아인)나 낙타유 비누(두바이의 낙타 비누 공장), 알 나스마 낙타젖 초콜릿(아부다비)을 권할 만하다. 이러한 제품은 대부분의 상점에서 구입할 수 있다.

문화활동

개인 가정에서 많은 중요한 문화 유물을 보유하여 소유주와 방문하는 손님이 감상하지만, 아랍에미리트의 문화유산을 전시하는 대중 공간도 점차 늘어나고 있다.

【박물관】

과거에 아랍에미리트는 박물관보다는 쇼핑몰과 관련하여 사람들의 입에 오르내렸지만, 정부에서는 이제 문화 전시물을 확대하기 위해 많은 노력을 펼치고 있다. 현재 에미리트 전역에는 47개의 박물관이 있다. 두바이에는 두바이의 가장 오래된 건물인 알 파히디 요새에 자리한 두바이 박물관과 새롭게 개장한 에티하드 박물관에서 에미리트의 통일 전 역사를 말해주고 있다. 또한 커피 박물관, 여성 박물관, 낙타 박물관 등 다양한 작은 박물관도 찾아볼 수 있다.

과학기술 박물관으로는 처음 선보이는 두바이의 '미래박물관'은 2021년에 문을 열 예정이며, 아부다비에는 지역 역사를 집중적으로 조명할, 노먼 포스터가 설계한 자이드 국립박물관이 향후 10년 안에 개장할 것을 목표로 하고 있다. 아부다비의 헤리티지 빌리지 역시 아랍에미리트의 과거를 간략히 살펴보기에 좋은 곳이다.

박물관은 보수적인 종교 사상가의 세계관과 어느 정도 충돌하는 과학에 현대적으로 접근하며, 흥미로운 대조를 만들어낸다. 대부분의 문화 명소는 여성과 아이들만을 위한 날을 지정하고, 낮은 입장료를 받으며, 금요일에는 단축해 문을 연다.

【사막 체험】

모든 아랍에미리트 도심 호텔에서는 전통적인 사막야영지에서 저녁을 제공하고 음악이 연주되는 사막 사파리를 예약할 수 있다. 일부 사파리는 에미리트의 유산과 아무런 유사성을 찾아볼 수 없으며 술과 전 세계의 음식, (이집트에서 유래한) 벨리댄스를 오락거리로 제공한다. 두바이의 플래티넘 헤리티지 투어

는 매사냥과 낙타 타기, 천문학, 땅속 모래 오븐에서 베두식으로 요리한 낙타와 양고기 등 보다 진정한 에미리트의 여가를 선보인다.

【공연】

대부분의 에미리트는 문화 시설에서 종종 음악이나 춤을 동반한 구어를 중심으로 과거를 재현하고 표현한 공연을 상연한다. 하지만 이러한 공연은 일반적으로 관광객에게 홍보하지 않는다. 새 두바이파크와 리조트 테마파크 옆에 2017년에 문을 연, 요새 형태의 카스르 알 술탄에서는 관광객에게 아랍에미리트에 관한 이야기를 전하는 눈부시게 화려한 디너쇼를 연다.

외식

어떤 종류의 음식을 선호하든, 또 아무리 특이한 음식을 찾는다고 해도, 아랍에미리트의 어딘가에서 반드시 찾을 수 있다. 레스토랑은 대도시의 5성급 호텔을 기반으로 영업하며, 최대 20퍼센트의 세금과 봉사료가 계산서에 추가되어 매우 비쌀 수 있다.

호텔 시설에서만 고객에게 술을 제공한다. 많은 음식점에서 무료로 배달을 해 주는데, 전통적인 가족 식사를 하기에 적합한 곳에 위치해 있지 않기 때문이기도 하다. 특정 민족의 이주노동자 공동체에 저렴한 음식을 제공하는 음식점도 있다. 이런 음식점은 손님이 모두 남자인 매우 기본적인 식당일 수 있다.

【 카페 문화 】

중동 전역에서 남성들은 함께 모여 그날의 사건과 정치, 일상적인 생활에 대해 동료와 이야기한다. 아랍에미리트에서 남성들이 주로 모이는 장소는 마즐리스, 또는 전통 커피숍이다. 그러나 요즘에 이런 만남이 이루어지는 곳은 전자 장치가 전통 게임과 토론을 대신하는 현지 스타벅스 매장일 것이다.

나이트클럽과 바

나이트클럽에서 거둬들이는 세금으로 인해 아랍에미리트에서는 나이트클럽이 허용된다. 많은 클럽에서는 두바이를 방문해야 할 인기 있는 장소로 만든 제트족뿐 아니라 사우디아라비아에서 국경을 넘어오는 방문객들도 끌어들이고 있다. 불법인 음주도 즐길 수도 있고, 바에는 남자들과 대화하고 싶어 하는 지나치게 다정한 여성들이 자신들에게 돈을 지불할 남자를 찾고 있을 것이다.

스포츠

큰 관심을 가지고 영국과 이탈리아, 스페인 축구 리그를 따라다니는 에미리트 사람들에게 축구는 엄청난 인기가 있다. 또한 아랍에미리트는 치열하게 경쟁하는 국내 리그도 있다. 현지 팀의 경영진은 연봉을 매우 후하게 지불해 푸자이라의 팀을 감독한 디에고 마라도나와 같은 국제적인 축구스타를 끌어들일 수 있다. 에미리트 항공사가 아스날 FC와 파리 생제르맹을 후원하고, 아부다비의 왕족이 맨체스터 시티에 대규모의 투자를 하면서, 아랍에미리트는 주요 축구 후원국으로도 부상했다.

축구협회는 고급 시설과 높은 연봉을 제공해 국제적인 축구

스타를 불러들여 아랍에미리트의 다양한 경기에서 뛰게 한다.

F1 시즌의 마지막 경주인 아부다비 그랑프리는 아랍에미리트 축구 일정에서 가장 큰 행사며, 다양한 유명인사를 불러모은다. 그 밖에도 아부다비 사막챌린지(오프로드 자동차 경주)와 두바이 테니스 챔피언십, 아부다비 골프 챔피언십, 다양한 국제 크리켓 및 럭비 행사 등 다양한 스포츠 행사가 있다.

아랍에미리트의 낙타경주는 물론 깊은 역사를 가지고 있지만, 그에 못지 않은 논란도 있었다. 2005년 아랍에미리트 정부는 아동 노동과 인신매매에 대한 주장이 계속해서 제기되자

• 장애 •

최근까지도 특수한 장애가 있는 사람들에게 많은 낙인이 찍혀서 가정에서 대중의 시선을 피해 장애가 있는 가족을 숨겨야 했다. 하지만 이 문제를 해결하기 위해 정부가 적극적으로 나섰고, 특히 두바이에서 신체적 장애가 있는 사람들이 공공장소를 더 쉽게 이용할 수 있도록 많은 노력이 이루어졌다. 2019년 아부다비는 지적발달 장애가 있는 사람들을 위한 국제 스포츠 대회인 스페셜 올림픽을 개최하였다.

낙타 기수를 보호할 목적으로 엄격한 새 규정을 도입했다. 그 후 이전에 낙타경주 분야에서 일하던 천 명이 넘는 젊은 사람들은 대개 남아시아 본국으로 송환되었다. 이들은 로봇 기수로 대체되었는데, 낙타 등에 자리한 이 기계 장치는 낙타 주인과 로봇 기수를 무선으로 연결한다.

도시의 외곽

사막이 생명으로 가득하다는 말은 다소 상투적인 표현이지만, 이 말을 완전히 이해하려면 전문가의 조언이 필요할 것이다. 방문객은 달밤의 피크닉과 밤하늘의 로맨스를 즐길 수 있으며, 밝은 도시의 불빛과 떨어진 이 사막의 밤하늘은 유난히 선명해 평상시에는 볼 수 없던 별똥별과 행성, 인공위성을 볼 수 있다. 일 년 중 사막을 방문하기 가장 좋은 때는 12월이나 1월로, 해마다 내리는 비가 오고 나면, 앞서 성장을 멈추고 있던 식물이 자라나 무성한 초록으로 바뀌고 작은 나비가 식물들 사이를 날아다니는 것을 볼 수 있다. 모래 언덕에 쇠똥구리가 남겨놓은 흔적의 복잡한 패턴을 보면 에미리트 여성들이 자랑

삼아 자신들의 몸을 장식하는 헤나 패턴에 영감을 주었던 게 아닐지 궁금해질 것이다.

【 야생동물 】

아랍에미리트의 하늘에는 특히 많은 새가 있으며, 매와 말똥
가리, 독수리, 올빼미가 주로 가장 자주 눈에 띈다. 새를 관찰
하기에 가장 좋은 장소는 알 아인의 가장 높은 산인 제벨 하
피트의 정상에 위치한 머큐어 호텔의 정원이다. 흔한 구관조
인 앵무새와 후투티가 규칙적으로 정원을 찾고, 바다 근처에
서는 제비갈매기와 물수리, 홍학을 발견할 수 있다. 푸자이라
와 라스 알 카이마의 산에는 염소가 돌아다니고, 사막에는 여

우와 낙타가 자주 다닌다. 아부다비의 알 와트바 습지 보호구역은 다양한 철새를 비롯해 아랍에미리트의 무성한 야생 식물을 보기에 가장 이상적인 곳이다.

【 듄-배싱 】

모험을 즐기는 사람에게 가장 인기 있는 오락 중 하나는 사륜구동차를 타고 모래언덕을 거침없이 달리는 것이다. 모래언덕은 머리카락이 쭈뼛해질 정도로 깊다. 많은 사람들이 중력을 거슬러 그들의 차로 위험을 감수하는 모험을 즐기며 모래 속에 전복되지 않고 차를 운전할 수 있는 정확한 각도를 알아낸다.

07

여행, 건강 그리고 안전

아랍에미리트는 세계적으로 가장 호화로운 호텔을 자랑한다. 하지만 좀 더 저렴한 다른 많은 선택지도 있다. 두바이의 문화유산을 살펴볼 수 있는 장소는 두바이 박물관 맞은편과 두바이의 가장 오래된 구역인, 알 파히디 역사지구에서 한 블록 떨어진 곳에 위치한 아라비안 코트야드 호텔&스파다. 또 알 하이디의 구불구불한 여러 인도 중 한 곳에서 유서 깊은 빌라에 머물 수도 있다.

도로와 교통

아랍에미리트의 낮은 유가와 천연가스 가격으로 자동차 소유 문화가 생겨났다. 많은 사람들이 멀리 떨어진 사막 출신이고, 또 다른 사람의 시선으로부터 여성을 보호하고 싶은 바람에서 개인의 이동성에 큰 가치를 두게 되었다. 에미리트에서 흔하게 볼 수 있는 대가족을 태우고, 사막의 비포장도로를 달리는 데도 실용적이기 때문에 크고 값비싼 사륜구동차가 선호된다. 대부분의 에미리트 가정은 입주해서 사는 운전기사를 고용하는데, 과거에는 에미리트 여성이 운전하는 것을 부적절하게 생각했기 때문이다. 지금은 여성이 운전하는 일이 좀 더 보편화되고 있지만, 대가족에서는 여전히 아이들을 여러 번 태워다 주는 일을 운전기사에게 맡긴다.

대부분의 차는 창에 약간의 색을 넣어 강한 햇볕으로부터 승객을 보호하고 사생활을 강화한다. 에미리트 여성을 이동시키는 데 사용하는 차량은 좀 더 어두운색의 창이 허용된다.

현재 도로에서 교통단속카메라와 레이더 관제 시스템을 흔하게 볼 수 있지만, 아랍에미리트에는 비슷한 발전 수준의 다른 나라보다 훨씬 더 많은 도로 시설이 있다. 이유를 알려면,

1970년대까지 자동차보다 낙타로 이동하는 일이 더 흔했다는 점을 이해할 필요가 있다. 에미리트의 1세대 운전자는 운전을 가르쳐 줄 사람이 없었으므로 운전 교습을 받아본 적이 없고, 따라서 안전벨트 착용과 같은 좋은 습관이 뿌리 내지 못했다. 2017년에 아랍에미리트는 안전벨트 착용을 의무화했지만, 여전히 아이들이 안전벨트를 매지 않은 채 차 안에서 이리저리 움직이는 모습을 쉽게 볼 수 있다.

아랍에미리트의 패스트 라인은 주로 에미리트 사람들이 다른 사람보다 더 많이 사용하기 때문에 농담 삼아 '에미리트인 차선'이라고 부른다. 다른 차의 뒤를 바짝 따라 달리는 일은

천천히 가는 차를 길에서 비켜나게 하는 데 사용하는 흔한 전략이다. 특히 젊은 에미리트 남성들은 빠른 속도를 무척 좋아하는데, 무모한 몇몇 남자들은 속도를 즐기려고 실제 도로를 빠르게 달리는 반면 이러한 충동을 듄-배싱(모래언덕에서 운전하기)이나 비디오 게임, 경주용 자동차 타기, 고속 모터보트 타기, 제트스키 타기로 해소하는 남성들도 있다.

종종 아랍에미리트에서는 사람들이 시간을 지키려고 한다기보다는 먼저 도착해 우위를 차지하려고 서두르는 것처럼 보인다. 일부 현지인들은 슈퍼마켓 줄이든 고속도로에서든 새치기가 자신들의 권리라고 생각한다. 이러한 모습은 에미리트 사회에 만연해 있는 위계적인 특성을 보여 주고 있으며, 이런 사람들에게 화를 내며 항의하는 것은 아랍에미리트에서는 결코 현명한 일이 아니다.

외국인 공동체는 단기 체류하는 경향이 있어 중고차시장은 항상 경기가 좋다. 서유럽과 북아메리카, GCC의 다른 회원국, 호주, 뉴질랜드, 남아프리카, 터키의 운전면허증을 보유한 경우, 아랍에미리트의 운전면허증을 신청하는 일은 매우 간단하지만, 다른 국적의 사람들은 면허시험을 치러야 한다.

대부분의 운전자가 외국이므로 각 운전자는 나라별 운전

문화에 기초해 각기 다른 운전습관을 가지고 있다. 도로에서 서양인은 대개 중앙 차선을 이용하고, 주로 파키스탄과 방글라데시에서 온 트럭과 배달 차량의 운전자는 바깥(가장 느린) 차선에서 운전하거나, 가능한 경우에는 특히 트럭 전용 도로를 이용한다.

에미리트의 도로는 미국의 교통시스템을 모델로 삼았기 때문에 로터리와 달리 그리드에서 주행하고 거의 항상 신호등에서 서로 교차하는 직선 도로다. 또 차량 흐름을 원활히 하기 위해 필요한 경우 긴 터널과 복잡하게 얽힌 인터체인지를 만들었다. 도로는 양편에는 무려 10차선까지 길이 나 있어 대부분의 국제도시와 비교해 교통혼잡이 거의 발생하지 않는다. 교통 정체가 흔한 두바이의 샤르자는 예외다. 아랍에미리트의 도시는 보행자보다는 자동차 친화적 도시로 설계되어, 길을 걷는 사람은 종종 부서진 인도와 가파른 도로 경계석, 적은 수의 건널목을 맞닥뜨리게 된다.

에미리트를 통과해 운전하는 방문객은 아부다비에서 라스 알 카이마까지 해변과 나란히 달리는 주요 E11 고속도로를 이용할 것이다. 이 고속도로는 길을 따라 대부분의 두바이 랜드마크 빌딩을 볼 수 있는, 악명 높은 '셰이크 자이드 로드'를 둘러싸고 있다. 도중에 신호등이나 정류장이 거의 없어 운전자는 잠시 휴식을 취하며 다리를 스트레칭할 기회를 간절히 바라게 될 수 있다. 차례를 놓치면 오른쪽 길로 되돌아가는 것이 성가신 일이 될 수 있다는 점에 주의해야 한다. 영어 표지판이 어디에나 있지만, 도로를 종종 다른 이름으로 표기하기 때문에 혼란스러울 수 있다. 구어의 옛날 이름을 사용할 뿐 아니라, 아부다비 도로는 최근 지배 가문의 가족 이름을 따 도로의 이름을 다시 지었다. 설상가상으로 아랍에미리트의 도로는 번호로도 알려져 있는데, 이렇게 번호로 표시된 많은 도로가 최근 새로운 번호로 변경되었다. 이에 더해 외국인들은 거리 이름을 에미리트 사람과 다르게 발음하는 문제도 있다. 우편번호 체계도 없어 택시 운전사가 이따금 당황할 수 있다는 것도 놀라운 일이 아니다.

【현지 교통】

'우버'와 같이 택시 호출 서비스를 제공하는 기술 회사들은 정부의 규제를 통과해 아랍에미리트에 확고히 자리 잡는 데 어려움을 겪고 있지만, 택시는 대체로 요금이 저렴하고 쉽게 잡을 수 있으며 안정적인 서비스를 제공한다. 두바이와 아부다비

의 일부 관광지에서는 수상택시를 타 볼 수도 있다.

두바이의 주메이라 지역에서 운행되는 트램과 마찬가지로 두바이의 지하철은 안정적이고, 깨끗하며, 안전하게 이동할 수 있는 교통수단이다. 아랍에미리트의 다른 지역에서는 대중교통이 버스망으로 한정되어 있다.

【 도시 간 이동 】

버스가 주요 도시를 편안하고 저렴한 비용으로 연결하며, 미니 밴이 도시 간 서비스 연결을 제공한다. 아랍에미리트의 거의 모든 공공장소와 마찬가지로 대부분의 역은 비교적 설비를 잘 갖추고 있고 깨끗하며 안전하다. 지하철과 트램의 일부 객실과

버스의 앞 좌석은 여성과 아이들을 위한 자리다.

현재 아랍에미리트의 철도는 산업 제품을 운반하는 목적으로만 사용된다. 에미리트 사람들은 대중교통을 이용할 이유가 거의 없어 대중교통에 큰 중요성을 두지 않기 때문에 대중교통 시설 확충에 미온적이다.

아랍에미리트를 사우디아라비아에서 오만까지 이어줄, GCC 전역의 1,200km에 이르는 110억 달러의 에티하드 철도망은 2016년 유가가 다시 하락하면서 계획이 중단되었고, 아부다비의 지하철 건설에 대한 초기 방안도 동력을 상실했다.

대신 새로운 교통수단을 계획하는 것으로 관심이 이동했

다. 현재 많은 전기차 충전소가 아랍에미리트 도로망을 수놓고 있으며, 2030년까지 두바이 교통의 25퍼센트를 자율주행차가 대체할 것으로 기대를 모으고 있다. 또 승무원이 없는 하늘을 나는 택시도 시험 중에 있다.

아랍에미리트는 또한 항공여행의 국제적인 중심지로 자리잡고 있다. 두바이 국제공항은 여객 운송 부문에서 세계에서 가장 붐비는 5대 공항 중 하나이며, 현재 연간 2,300만 명의 승객을 수용할 수 있는 아부다비 공항은 연간 3,000만 명을 추가로 더 수용할 중간 터미널을 새로 건설하며, 예상되는 여행객 수의 증가를 반영하고 있다. 처음에는 2017년에 문을 열 예정이었지만, 경기 침체의 여파로 공항 확장공사도 2019년까지 연기되었다.

숙박장소

아랍에미리트는 세계적으로 가장 호화로운 호텔을 자랑하며, 이들 호텔의 화려함과 매혹으로 명성을 얻었다. 하지만 좀 더 저렴한 다른 많은 선택지도 있다.

【 페르시아 스타일 】

아랍에미리트에는 '페르시아를 테마로 하는' 많은 고급 호텔이 있다. 천일야화에 영감을 받은 인테리어와 화려한 페르시아 문화에 대한 서양의 왜곡된 환상으로 꾸며진 이러한 호텔은 종종 먼 사막에 자리 잡고 있다. 아름답지만, 이러한 호텔을 역사적 현실과 혼동해서는 안 된다. 에미리트의 요새는 단순하고 가구가 거의 비치되어 있지 않으며, 아랍에미리트 왕족의 일부는 에미리트 문화유산의 화려한 상징물 대신 유럽의 골동품으로 궁전을 채워 놓는다.

이 페르시아를 테마로 하는 최고의 호텔은 아부다비의 룹 알 칼리 사막에 있는 티랄 리와 호텔이다. 이 호텔은 주변을 감싸고 있는 모래언덕에서 정말 신기루처럼 떠오른 듯 보인다. 수영장에서는 수영하며 사암 아치 길을 통해 모래언덕을 바라볼 수 있다. 이와 유사한 또 다른 화려한 장소로는 카스르 알 사랍과 두바이에 위치한 요새 형태의 뱁 알 샴스 사막 리조트와 스파가 있다.

사막에서 좀 더 진정한 휴식을 취하고 싶으면 아부다비에 있는 아라비안 나이츠 빌리지의 고급 텐트 숙박시설과 야자 하우스, 아랍에미리트의 과거를 반영하는 요새 탑에서 수세식 화장실과 에어컨이 나오는 편안함을 누리며 머무를 수 있다.

유리와 강철로 만든 아랍에미리트의 많은 초현대적인 호텔에서도 전통적인 아라비아식 환대를 소홀히 하지 않는데, 손님이 체크인하면 아랍식 커피와 대추야자를 제공한다.

【주요 장소】

두바이의 문화유산을 살펴볼 수 있는 중요한 장소는 두바이 박물관 맞은편과 두바이의 가장 오래된 구역인, 알 파히디 역사지구에서 한 블록 떨어진 곳에 위치한 아라비안 코트야드 호텔&스파다. 또 알 하이디의 구불구불한 여러 인도 중 한 곳에서 유서 깊은 빌라에 머물 수도 있다.

알 아인은 아랍에미리트의 문화적 심장부이며, 잘 보존된, 모래성과 같은 요새와 최근에 대중에게 공개된, 과거의 모습을 그대로 간직한 전통시장이 유명하다. 석유로 큰 부를 축적하기 전의 과거 아랍에미리트의 모습을 알고 싶다면, 알 아인은 반드시 방문해야 할 곳이다. 페르시아의 분위기로 장식하고 5성급 호텔 서비스를 제공하는 현지 호텔 체인인 다나트와 힐튼, 로타나 등의 큰 호텔들이 주요 도시의 주 수입원이다. 그렇지 않으면, 3,000피트 높이의 제벨 하핏산 정상에 위치한 알 아인

의 머큐어 그래드 호텔이 별을 관찰하는 사람과 여름의 높은 습도를 피하고 싶은 사람에게 좋은 선택지다. 아난타라 이스턴 맹그로브 리조트는 수로를 따라 카약을 즐기는 사람에게 이상적인 페르시아풍의 멋진 숙소를 제공한다.

【 미래적 퇴폐 】

아부다비에서는 야스 마리나 서킷에서 F1 경주트랙을 가로지르는 야스 비세로이 호텔과 페어몬트 밥 알 바흐 호텔이 현대적인 화려함을 선보인다. 이 두 호텔은 우주 시대를 위해 설계

된 듯한 인상을 준다. 에티하드의 주메이라에서는 커피를 마시며 람보르기니를 타고 도착해 매끄럽고 윤이 나는 로비에서 바다 풍경을 즐기는 부유한 에미리트인을 볼 수 있을 것이다. 길 건너에는 호텔의 천장과 벽을 금박으로 장식해 말 그대로 금에 적셔 놓은, 황금빛의 에미리트 팰리스 호텔이 있으며, 이곳에서는 자판기에서 골드바를 구입할 수 있다. 하지만 겉으로 보이는 화려함 이외에 에미리트 팰리스 호텔이 단연 두각을 나타내는 이유는 워터파크와 자전거도로, 물속의 해먹까지 갖춘 매우 호화로운 비치클럽 때문이다. 많은 돈을 쓸 수 있다면 한번 방문해 볼 만하다. 여기를 방문할 여유가 없는 사람은 격식에 맞게 옷을 갖춰 입으면 에미리트 팰리스의 메인 윙을 무료로 방문할 수 있고, 이곳에서 '카멜치노'(낙타우유로 만든 카푸치노)나 여러 다른 음료를 구입할 수 있다. 또 바로 옆의 새로운 알 나흐얀 왕궁의 모습을 감상할 기회도 가질 수 있다. 이 왕궁은 타지마할을 연상시키는 건축적 승리로, 인상적인 금박 서예가 지붕 위의 돔을 장식하고 있다.

두바이에서 호화로움을 찾는 사람은 다우 배(삼각형의 큰 돛을 단 아랍의 배-옮긴이) 모양의 이른바 '7성급' 호텔인 버즈 알 아랍이 마음에 들 것이다. 버즈 알 아랍은 주메이라 해안에 위치한 인공섬에 자리하고 있다. 호텔은 금박으로 장식되었을 뿐 아니라 유리 잠수함에서 식사하는 것처럼 느껴지는, 바다부터 천장까지 연결된 수족관이 특색을 이루는 '네이선 아웃로 앳 알 마하라' 해산물 레스토랑도 있다.

패셔니스타를 위한 장소로는 두바이 크릭이 내려다 보이는 팔라조 베르사체가 있다. 팔라조 베르사체는 도나텔라 베르사체가 디자인에 직접 참여해 과장된 이탈리아식 우아함의 전형을 선보이고 있는 반면, 버즈 칼리파의 아르마니 호텔은 디자인이 다소 남성적이고 이해하기 쉽다.

【장기체류 시설】

에미리트에서 오랫동안 머무를 곳을 찾은 부유한 가족들은
외부인의 출입이 제한되고, 수영장과 공동 놀이터, 체육관, 상
점을 갖춘 구내의 호화로운 빌라에 머물 수 있다. 그러나 대부
분의 외국인은 보통 옥상에 수영장과 체육관이 있는 건물의
임대료가 저렴한 아파트에 자리를 잡는다. 이런 아파트는 유럽
식보다는 미국식 아파트와 더 유사한 숙박시설의 일종으로 보
통 공간이 넓다. 대부분의 아파트에는 가구가 비치되지 않고,
심지어 냉장고와 냉동실과 같은 '백색 가전제품'과 커튼걸이
등의 물품도 없다. 입주자는 보통 고용주에게 비품에 대한 비

용을 지급받는다. 이케아 매장이 아부다비와 두바이에 있고, 외국인은 수많은 커뮤니티 페이스북 그룹을 통해 중고 가구를 사고 판다. 주거지역과 아파트단지는 보통 전자제품 설치를 도와주는 관리인이 있다.

건강

대부분의 에미리트인이 누리는 높은 생활수준으로 인해 사회 전반의 건강이 향상되었다. 2016년 아부다비 에미리트인의 평균수명은 남성의 경우 75.9세, 여성의 경우 79.5세였다. 전 세계의 평균수명은 남성이 70세, 여성이 74세이다.

그러나 에미리트 사람들은 심장병과 당뇨병을 일으키는 비만을 비롯해 풍요로움이 가져온 문제로 고통받기 시작했다. 통계에 따르면 아랍에미리트의 모든 사망자 가운데 절반 이상이 심혈관 질환, 교통사고, 암, 선천성기형으로 사망한다. 비교적 적은 그룹 내에서 결혼하는 비율이 높기 때문에 지중해빈혈과 같은 유전적 혈액 이상은 특히 널리 퍼져 있다.

아랍에미리트는 거주민의 요구를 충족하고 해외에서 '의료

관광객'을 끌어들이기 위해 의료분야에 투자하고 있다. 에미리트인은 치과치료와 체외수정, 정신건강 지원을 포함하는 의료서비스를 무료로 받는 반면, 외국인은 월급에 따라 보장되는 의료서비스의 수준이 달라진다.

의료시스템이 크게 상업화되면서 의사는 약을 과다 신청하여 환자에게 꼭 필요하지 않은 다양한 의학적 검사를 할 경제적 동기를 갖게 되었다. 이로 인해 점차 많은 에미리트인이 트라마돌, 자낙스, 바륨 등의 처방약에 중독되고 있다.

공공병원에서는 모든 종류의 의료보험에 대해 치료를 제공한다. 의료서비스의 수준이 더 높다고 여겨지는 개인병원은 선택적으로 진료한다. 의료 비용이 증가하면서 보험료가 오르고 보장되는 질병의 범위는 줄어들게 되었다. 대부분의 외국인에게 무료였던 출산도 이제 비용을 지불하는 일이 늘고 있다.

아랍에미리트에서 일하기 원하는 모든 이민자는 HIV 검사를 받아야 하며, 바이러스가 발견되면 체류 허가가 거부된다. 아랍에미리트에서 에이즈가 발병한 사례는 매우 적지만, 중동은 HIV가 가장 빠르게 확산하며 세계에서 에이즈가 가장 많이 발생한 두 지역 중 하나가 되었다.

· 흡연 ·

쇼핑몰과 같은 공공장소에서 흡연은 금지되지만, 바나 레스토랑에서 담배를 피우는 것은 여전히 허용된다. 에미리트 남성의 흡연율은 비교적 높으며, 두바이의 시티병원에 따르면 23퍼센트의 남성이 흡연을 하는 것으로 나타났다. 폐암은 남성들 사이에서 가장 흔한 형태의 암이다. 반면 공공장소에서 흡연을 하는 에미리트 여성의 모습은 동료들의 눈살을 찌푸리게 할 것이다.

후카 또는 '후블리 붑블리'라고도 알려진 시샤는 담배연기를 물로 거른 후 흡입하는 담배로 아랍 세계에서 폭넓게 이용된다.

특히 젊은 에미리트 남성은 메드와크 파이프로 나뭇잎과 나무껍질, 허브를 섞은 도크하를 피우는 것을 좋아한다. 정확한 내용물은 알려지지 않았지만 도크하는 현기증을 일으킬 정도의 강한 담배로 흡연자의 눈을 흐릿하게 만들고 바로 어지럼증을 느끼게 하며 건강에도 매우 위험한 것으로 알려졌다. 2016년 아부다비의 건강검진 프로그램 결과에 따르면 30대 에미리트인의 약 30퍼센트가 메드와크로 담배를 피우는 것으로 나타났다. 정부는 흡연을 줄이기 위해 2017년 담뱃값을 두 배로 올리는 소비세를 도입했다. 그러나 담배 한 갑의 가격은 여전히 대부분의 서양 국가들보다 훨씬 싸다.

안전

아랍에미리트 생활의 가장 매력적인 측면 중 하나는 안전하다는 것이다. 실제로 아부다비는 데이터 기업 눔베오가 작성한 2017년 보고서에 따르면 세계에서 가장 안전한 도시로 선정됐다. 일반적으로 그라피티나 기물 파손이 없는 공원에서 많은 가족들이 저녁 시간을 즐길 수 있는 나라는 거의 찾아보기 힘들다. 부분적으로는 법을 어길 가능성이 가장 높은 나이인 젊은 사람들이 아랍에미리트에 더 적게 살고 있기 때문이다. 외국인 가족은 아이들이 청소년기가 되면 본국으로 돌려보낸다. 대부분의 아랍에미리트 대학은 에미리트인만 받아들여, 대부분의 젊은 외국인은 다른 나라에서 학업을 이어간다.

범죄를 저질러 잡히고 그에 따라 받게 되는 가혹한 처벌에 대한 두려움으로 절도와 폭력 행위는 비교적 낮은 수준을 유지하며, 외국인 역시 꾸준히 일하며 돈을 벌지 않으면 아랍에미리트에서 체류 허가를 받을 수 없어 범죄를 저지를 확률이 낮다. 하지만 기업에서는 고객을 속이려는 몇몇 시도가 일어난다. 예를 들면 아랍에미리트에 사는 많은 사람들은 예기치 않은 순간에 복권에 당첨됐다는 기쁜 소식을 전하는 '기업'의 전화를 받고, 그 뒤에 상금을 수령할 은행 계좌번호를 요구받기도 한다.

아마도 아랍에미리트에서 하는 가장 위험한 일은 폭우가 내리는 동안 운전을 하는 일일 것이다. 아랍에미리트의 배수 시설은 폭우를 감당할 수 있게 설계되지 않았기 때문에 갑작스러운 홍수가 자주 일어난다. 안개가 낀 동안에는 운전자가 안전한 정차 거리를 유지할 수 없거나 적절히 표시등을 사용할 수 없어 치명적인 사고도 흔하게 발생한다.

대개 에미리트인으로 구성된 경찰은 법을 지키기 위해 주어진 명령을 엄격히 시행하고 재량권을 거의 발휘하지 않는다. 경찰을 대할 때는 예의 바르게 행동해야 하고 명령에 정확히 따라야 한다. 경찰관이 항상 영어를 잘 알고 있는 것은 아니며, 종종 교통위반 통지와 같이 서명을 해야 할 경찰 서류가 아랍어로만 쓰여 있는 경우가 있다. 이럴 때는 서명을 하기 전에 번역을 할 수 있는 사람을 먼저 알아봐야 한다.

【 테러 위협 】

아랍에미리트는 사우디아라비아뿐 아니라 서구 선진국의 동맹국으로 확고히 자리 잡고 있다. 7개의 에미리트는 그들의 안

보와 명성이 테러리스트의 폭력에 위협받지 않는다는 것을 보장하기 위해 함께 행동을 취할 준비가 되어 있다.

다행스럽게도 아랍에미리트는 전면적인 공격을 받아본 적이 없다. ISIS는 수니파 무장단체로 주로 시아파 이슬람교도를 공격하는데, 아랍에미리트는 수니파 사회다. 그러나 이러한 사실이 테러 위협이 없었다는 뜻은 아니며, 아랍에미리트는 감시와 비밀경찰을 광범위하게 이용하여 테러 위협에 맞서고 있다.

2015년에는 쇼핑몰과 호텔을 공격하려던 이슬람 테러조직의 계획을 좌절시켰다. 같은 해에 극단주의 사상에 끌린 에미리트 여성이 미국인 교사 이볼야 라이언을 칼로 찔러 사망하게 한 혐의로 처형되었다. 아마도 안보에 가장 큰 위협은 아부다비의 목표물에 (성공하지 못한) 미사일을 발사했다고 주장하는 예멘의 후티반군일 것이다.

가장 위험스러운 일은 아랍에미리트에 대한 광범위한 공격이 발생한 후에 이제 막 성장하는 관광산업이 타격을 받고 상당수의 외국인 인구가 본국으로 떠나며 지역 경제에 잠재적으로 엄청난 타격을 가하게 되는 것이다.

08

비즈니스 현황

아랍에미리트는 현재 수십억 달러의 '세계 이슬람 경제'의 선두에 서서, 수수한 패션과 할랄 미디어, 할랄 화장품 및 의약품 분야를 이끌고 있다. 아랍에미리트는 오일머니에 대한 의존 도를 낮추기 위해 많은 노력을 기울여 왔고, 현재는 동양과 서양의 가장 똑똑한 몇몇 인재 들을 끌어들이는 데 성공하며 경제를 잘 관리하고 있다.

비즈니스 풍경

두바이 국제금융센터[DIFC]는 7조 4,000억 달러에 이르는 중동, 아프리카, 남아시아 지역의 주요 금융 중심지다. 아부다비는 또한 알 마르야 섬에 있는 아부다비 글로벌 마켓의 증권거래소를 통해 신흥 금융시장을 활용하고 있다. 아랍에미리트는 현재 수십억 달러의 '세계 이슬람 경제'의 선두에 서서, 수수한 패션과 할랄 미디어, 할랄 화장품 및 의약품 분야를 이끌고 있

다. 샤르자는 아랍에미리트의 한정된 제조업 기반의 중심지이며, 또한 성공적인 관광산업을 바탕으로 아랍 전역의 관광객을 이슬람 문명 박물관과 잘 보존된 문화유산 지역으로 끌어모으고 있다. 다른 에미리트 역시 관광산업에서 점차 명성을 얻고 있다.

아랍에미리트는 오일머니에 대한 의존도를 낮추기 위해 많은 노력을 기울여 왔고, 현재는 동양과 서양의 가장 똑똑한 몇몇 인재들을 끌어들이는 데 성공하며 경제를 잘 관리하고 있

다. 하지만 미래지향적이고 낙천적인 전망을 보여야 하는 불안감에 아랍에미리트는 나쁜 소식을 감추며 드러내지 않으려 하는 경향이 있으며, 자세히 살펴보면 앞으로 경제에 심각한 문제를 가져올 작은 균열이 경제 모델에 생기고 있는 것을 알 수 있다. 아부다비 평균 주거 임대가 2017년과 2018년 대비 11퍼센트 감소한 가운데, 아랍에미리트 전역에서 부동산 임대 수익은 최근 몇 년간 하락세를 보이고 있으며, 이러한 경향은 약해질 기미를 보이지 않고 있다. 이러한 변화는 외국인 거주자의 느린 탈출이 시작된 것을 나타내는데, 석유와 천연가스 부문의 일자리 감소뿐 아니라 외국인 근로자의 임금이 큰 폭으로 삭감되면서 많은 외국인이 본국으로 돌아가고 있기 때문이다. 정부기관에서는 일례로 학교 수당을 삭감하여 보다 많은 가족이 교육을 위해 이곳에 머물 이유를 찾기 어렵게 되었다.

두바이의 경제는 2020년 엑스포를 개최하는 일에 크게 의존하고 있으며, 정부에서는 예상되는 수백만 명의 방문객을 수용하기 위해 편의시설에 대규모의 투자를 하고 있다. 그러나 엑스포가 끝난 후의 경제는 상황이 불확실하다. 두바이의 '우리가 만들면 사람들이 온다'라는 사고방식은 지금까지는 잘 통했고, 에미리트의 선구적인 건축은 확실히 '브랜드 두바이'

를 전 세계에 알리는 역할을 했다. 그러나 거대한 새 테마파크에 대한 대규모의 투자는 지금까지 제한적인 성공만을 거뒀다. 두바이를 '중동의 올란도'의 위치로 격상시킬 것으로 기대를 모았던, 두바이 파크와 리조트의 3배 규모의 테마파크 단지는 지금까지 큰 관심을 불러일으키는 데 실패했다.

그럼에도 아랍에미리트는 여전히 적극적으로 레저 산업을 개발하고 있다. '행복의 섬'이라는 뜻을 가진 아부다비의 사디야트 섬은 2백 70억 달러의 문화 지구다. 현재 뉴욕대학교의 캠퍼스와 프랑스와의 문화적 합작품인 루브르 아부다비가 이곳에 자리하고 있고, 더 많은 문화 시설이 문을 열 준비를 하고 있다.

그러나 우려되는 것은 아랍에미리트의 외국인 인구가 이 명성 있는 새 명소의 터무니없이 높은 비용을 지불할 수 없어 이러한 곳에 다닐 수 없게 되는 것이다.

정부는 아랍에미리트를 사람들이 살기에 평화롭고, 안전하며, 즐길 수 있는 곳으로 만들기 위해 성공적인 노력을 펼쳐왔고, 현재는 고국보다 아랍에미리트에서의 삶의 질을 더 선호하는 외국인 거주자들이 줄어든 임금을 받아들이길 바라고 있다. 물론 많은 노동자들이 이곳의 분위기와 안전, 사람들의 가치관을 마음에 들어 하고, 또 많은 경우에 그들 고국의 상황이 혼란스럽기 때문에 계속해서 아랍에미리트에 머물 것이다.

현지 비즈니스 공동체

아랍에미리트의 비즈니스 공동체는 자본을 보유(이들은 보유 자금이 많다)하고 대규모의 기업을 운영할 수 있는 능력으로 지속 가능한 경쟁우위를 증명해 왔다. 이들의 생활은 음식점과 슈퍼마켓, 사립학교, 병원 등을 통해 사업과 관련한 대부분의 교류를 하는 대다수의 인구와 대조된다. 본질적으로 아랍에미리트는 사람들이 다른 분야의 사람들에게 의존하지만 이들과 개인적인 교류는 거의 하지 않는, 두 개의 분리된 시스템이 서로 함께 공존하는 이중 경제다. 그러나 새로운 비즈니스 체계를 형성하고 개발하는 데 힘쓰는, 뚜렷한 기업가적 영역도 있다. 자본을 소유하는 것은 도움이 되지만, 개인적 특성 또한 중요하게 여겨진다.

비즈니스 문화

법에 따라 (지정된 자유 지역에 설립된 기업 외에) 아랍에미리트의 기업은 아랍에미리트의 기업가가 소유하거나 이러한 기업가와 제휴해 운영해야 한다. 사업은 현지 실무자의 국제적 전문성에 크게 의존해 수행되며, 또 소극적 비즈니스 파트너를 선정하는지, 적극적인 파트너를 선정하는지에 따라서도 운영 방법이 달라진다. 모든 소유주가 자신의 사업에 관심을 가지는 것은 아니기 때문에 실제 사장이 누구인지 말하기가 쉽지 않을 때가 있다. 하지만 몇몇 경우에 이러한 사장은 모든 중요한 결정을 내릴 수 있기를 기대하며, 결정을 내리는 데 필요한 모든 관련 정보를 그들에게 가져다줄 수 있도록 총괄 관리인을 지정한다.

많은 에미리트 기업은 여러 사업적 이해를 가진 가족 재벌이 경영한다. 처음에 회사는 그의 이름이 여전히 회사의 공식적인 얼굴인 한 개인이 설립했을 수 있지만, 현재 회사를 운영하는 사람은 그의 아들일 수 있다. 또한 외국인 사회의 단기체류적인 특성으로 인해 사업 프로젝트의 연속성이 중단될 때가 있는데, 사업과 관련해 많은 것을 알고 있는 사람이 이주하기 때문이다.

사람이 바뀌면 기업 문화 또한 어쩔 수 없이 바뀌게 된다. 그러나 사업 거래가 이루어지는 물리적인 공간은 대체로 훌륭한 시설과 크고 넓은 사무실을 갖춘 세계의 다른 지역과 비슷하다.

비즈니스 윤리

아랍에미리트인은 다른 모든 나라의 사람들과 마찬가지로 정직하고 근면하지만, 이들도 똑같은 유혹에 빠진다. 큰 금액이 오가는 거래가 항상 완전히 투명한 방식으로 이루어지는 것은 아니며, 따라서 사람들이 때때로 윤리적인 행위를 하지 못하는 것도 놀라운 일이 아니다. 하지만 아랍에미리트의 명성은 정직한 거래에 바탕을 두고 있어 횡령한 자금을 정당한 소유주에게 되돌려 주기 위한 적극적인 노력이 이루어졌다. 국가 간 비교를 통해 가장 부정부패가 적은 국가를 찾는 국제투명성기구(TI)의 국제 윤리 순위에서 2016년 아랍에미리트는 24위로 상승해 바하마, 칠레와 동등한 순위를 기록했고, 이웃나라인 카타르(31위)와 사우디아라비아(62위)를 훨씬 앞섰다.

많은 사람들이 집단교섭권 부재와 기업 노조의 집회의 자유를 금지하는 에미리트의 법을 비윤리적이라고 생각한다. 아랍에미리트의 지난 경기 침체 기간에 빚을 지게 된 외국인 기업가가 수표가 반송돼 파산하자 즉석에서 감옥으로 보내졌다. 형평성에 어긋나는 것으로 보이는 가혹한 판결에 대한 대응책으로 2016년 새로운 파산법의 초안이 작성되어 파산에 대한 범법 행위를 폐지했다.

아랍에미리트의 기업은 이제 주주와 사회, 환경에 미치는 그들의 영향에 대해 윤리적인 약속을 공언해야 한다. 아랍에미리트의 기업은 이제 막 그들이 환경에 미치는 영향에 대해 파악하기 시작했고, 기업의 사회적 책임(CSR)은 여전히 생소한 개념이지만, 빠르게 자리 잡고 있다. 이 기업의 사회적 책임은 라마단 동안에 기업의 여러 활동에서 가장 잘 드러났다. 여러 기업들이, 특히 두바이에서 이주노동자 합숙소에 음식을 기부하고 화장실을 설치해 주며 여러 자선활동에 참여했다.

비즈니스 에티켓

명함은 아랍에미리트에서 여전히 흔하게 사용하므로 새로운 사람을 만날 때는 건네줄 명함을 가지고 있어야 한다. 반드시 오른손으로 명함을 건네야 하는 것을 잊어서는 안 된다.

　악수는 사업에서 흔한 인사법이지만 일반적으로 서양에서 보다 더 부드럽게 악수한다. 남자들은 여성이 먼저 청하지 않는 한 에미리트 여성들과 악수해서는 안 된다. 에미리트 남성을 처음 만나는 서양 여성은 손을 내밀기 전에 남성이 전통을 얼마나 중시할 사람일지를 먼저 판단해 봐야 한다. 그가 서양에서 교육을 받았다면, 손을 내미는 여성기업가에 당황스러워하지 않을 것이다. 또한 아랍어로 몇 마디의 인사말을 건네면 고마워할 것이다.

　모임을 시작할 때는 커피가 제공되며, 적어도 한 잔의 커피를 마셔야 하는데, 컵이 작으므로 반드시 한 모금 이상 마셔야 하는 것은 아니다. 또 다른 커피를 사양할 때는 컵을 엄지손가락과 검지손가락으로 잡고 살짝 흔들며 충분히 마셨다는 표시를 한다. 회의에서는 관심이 있는 주제가 언급될 때까지 조용히 기다려야 하지만, 기회가 오면 이러한 관심사를 설명할 준비가 되어 있어야 한다.

　학회나 큰 모임에서는 셰이크나 높은 지위에 있는 사람이 일정을 소개하는 일이 일반적이다. 이들이 말하는 동안에는 존중하는 표시로 핸드폰을 무음으로 바꾸고 조용히 바르게 앉아 있는 것이 중요하다. 비즈니스에서는 지위에 주의를 기울이는 것이 필수이며, 따라서 어떤 상황에서든 연장자가 주도적인 역할을 맡도록 해야 한다.

많은 기업가들은 존경을 보여야 할 한 명 이상의 기술 고문이 있다. 이들은 말하는 중에 핸드폰을 받는 등 회의 중에 들락거릴 수 있는데, 이것을 예의가 없다기보다는 단지 일을 하는 방식으로 봐야 한다. 또한 결정이 실제로 이루어지는 순간이 완전히 분명하지 않을 수 있다. 어떤 경우에는 논의를 통해 합의에 이르고, 또 다른 경우에는 의사결정자들이 서로 시선을 마주치는 것으로 성공과 실패를 결정한다.

프레젠테이션

보수적인 에미리트 사람들은 어떤 경우든 사람을 묘사하는 것을 부적절하게 여기며, 일부 경우에는 동물이나 무생물을 의인화한 모습 역시 이들의 기분을 상하게 할 수 있다. 에미리트 남성과 여성이 함께 같은 물리적 공간에 있는 모습을 나타내는 모든 삽화나 암시는 보수적인 에미리트 청중에게 보여줄 경우 삭제해야 한다.

협상

협상을 하는 방식은 상당히 다양하지만, 모든 경우에서 신의와 존경을 보이는 것은 매우 중요하다. 전통적인 협상 방식은 신뢰성을 평가하는 방법으로 공통적 유대관계와 협력관계를 찾고, 그 후에 세부사항을 다룬다. 따라서 에미리트 사업 파트너가 시간을 들여 누구와 어떤 관계가 있고, 또 어떤 다른 인맥이 존재하는지를 파악하려고 하는 것을 예상해야 한다. 국제적 경험이 있는 아랍에미리트 기업의 경영진은 본론에 좀 더 신속히 들어가며, 서양식 협상 방식을 따르는 경우가 더 많다.

많은 에미리트인은 다양한 사업 제안을 가지고 그들에게 오는 사람들에 익숙하며, 따라서 흥미를 느끼지 않은 거래나 매력적이지 않은 방식으로 구성된 제안을 거절하는 일에 거리낌이 없다. 또 적극적으로 흥정을 시도하여 협상이 상당히 어려울 수도 있다. 직접적인 거절은 기분을 상하게 할 수 있어 '아니요'라는 말은 정중한 방식으로 에둘러 표현해야 한다. 모든 당사자가 떠나고 나면 계약이 마무리된 것으로 봐야 한다.

계약

아랍에미리트에서는 여전히 말로 하는 의사소통이 글보다 더 중시된다. 전통적인 에미리트 문화에서 계약 이행을 보장하는 것은 계약 당사자들 간의 근본적인 관계였기 때문에 계약이 꼭 필요한 것은 아니었다. 실제로 사업에서 이러한 전통적 방식이 서로 충분히 신뢰하는 사람들 간에 일어날 경우가 있을 수 있다. 하지만 투명성을 높일 필요가 생겨나면서 대부분의 에미리트 기업가들은 계약서를 따르는 가치에 수긍하게 되었다.

계약서는 국제표준 모범 관행에 따라 만들어지고, 서명을 하고 나면, 모든 당사자는 아랍에미리트의 법에 따라 계약을 이행해야 한다. 특히 정부 거래에서 서류는 사업 파트너가 영어를 잘하는 경우에도 아랍어로 작성될 수 있다. 이런 경우에는 번역 회사와 업무 관계를 맺는 것이 좋다.

회의

에미리트 사람들은 서로 얼굴을 맞대고 사업하는 것을 선호한다. 실제로 회의를 여는 것이 자체가 실제 목적이고, 사람들이 함께 모이는 것 말고는 다른 특별한 목적이 없어도 되는 것처럼 보일 수 있다. 특성상 사교적일 수밖에 없는, 처음의 소개하는 모임은 새로운 사업을 시작하는 시점에 열어 사람들이 서로를 알아갈 수 있게 해야 한다. 과거에는 이런 소개 모임이 사업에 대한 이야기를 본격적으로 꺼내기 전에 몇 시간 동안 계속되기도 했지만, 요즘에는 사업 기회가 훨씬 더 많아지면서 이러한 과정이 더 빨라졌다. 그렇기는 하지만 환대의 미묘함은 여전히 주의 깊은 관심을 받은 것이다.

역사적으로 누군가가 중요한 인물을 만나기를 원할 때 그는 적절한 텐트로 가서 기다리곤 했다. 청원자가 중요한 사람을 만날 수 있을 때까지 기다려야 하는 시간은 관련된 사람들의 상대적인 지위에 따라 달랐다. 현대 세계에서 이러한 방식으로 누군가를 만나는 것은 현실적이지 않지만, 이런 관행의 일부분은 여전히 지속되고 있다. 가령, 모든 사람은 충분할 정도로 끈질기게 고집한다면, 지도자를 만나 볼 수 있고 지도자는 모든 사람을 만나 봐야 할 의무가 있다는 믿음이 남아 있다. 셰이크 자이드가 지도자로 크게 존경받는 이유 중 하나는 그의 문이 사람들에게 항상 열려 있었기 때문이라고 말한다.

외국 출생의 사업가는 이러한 문화의 영향을 고려하여, 그들과 특별한 문제에 관해 상의하기를 원하는 모든 사람을 만나볼 수도 있을 것이다.

또 관련 없는 업무로 다른 사람들이 회의실을 들어오고 나갈 수 있다는 점도 예상해야 한다. 새로 도착한 사람에게 다른 사람이 인사를 하도록 소개하지 않는 한 말을 걸어서는 안 되며, 참을성이 없는 모습을 보이지 않도록 해야 한다. 반면 회의의 목표를 정하고 대화가 아무리 다른 길로 빠져들더라도 가능한 이 목표에 집중해야 한다.

정부와의 거래

아랍에미리트 정부는 전자정부 링크와 정부 포털사이트를 제공하여 사람들이 정부와 거래를 가능한 한 쉽게 할 수 있도록 상당한 노력을 기울였다. 하지만 시골 지역에서 서비스와 정보를 영어로 접하는 일은 여전히 어려울 수 있다.

아랍에미리트에는 많은 사업 절차가 상당히 다르게 조직되는 경향이 있으며, 이로 인해 실망하게 될 수도 있다. 정부 입찰의 경우 입찰하려는 계약자가 자격 요건을 통과하고 나면, 보통 가격에 대한 치열한 협상이 벌어진다. 하지만 입찰 사항이 바뀌는 일이 자주 있으며, 기업은 바뀐 내용에 따라 다시 입찰할 것을 요청받는다.

지난 몇 년간 정부서비스데스크의 고객서비스는 향상되었고, 일반적으로 에미리트인 직원은 전문적이고 친절하다. 하지만 관료주의적 절차가 이해하기 힘들 수 있고 필요한 것보다 더 많아 보이는 서류를 요구한다. 종종 서류 양식을 작성하기 위해 이름과 주소, 기타 정보를 영어에서 아랍어로, 또는 아랍어에서 영어로 번역해야 하며, 이 과정에서 철자를 잘못 쓰거나 의미를 틀리게 작성하기 쉽다.

여성의 사회생활

최근 몇 년간 아랍에미리트 정부는 젊은 여성이 직장을 찾는 일에 많은 지원을 했다. 현재 에미리트인 여성은 학위를 딴 후에 결혼을 하고 아이를 낳기보다 직업을 얻는 것을 선택하고 있다. 하지만 가장 개방적인 아버지조차도 여전히 딸이 너무

야망이 크면 결혼하지 못할 것이라 우려해서 괴로워한다. 펄 이니셔티브(책임 있고 투명한 기업문화를 촉진하는 페르시아 만 기업주도 조직)가 수행한 2015년 GCC 전역의 여성에 대한 연구에 따르면, 75퍼센트의 여성이 가족이 그들의 교육과 직업을 지원해 줬지만, 여전히 전통적인 역할 모델이 그들에게 방해가 된다고 생각했다. 현실적인 문제는 많지만, 직장 환경이 변화해 여성들은 남성 동료나 고객과 가까운 접촉을 할 필요가 없어졌다. 별도의 공간이 여성들에게 제공되어 먹고, 마시고, 기도하고, 심지어 아기에게 모유를 수유한다. 정부는 적극적으로 개입해 주로 교육부 또는 보건부에 좀 더 보수적인 에미리트 여성에게 적합한 직업을 만들었다. 여성이 혼자 사는 일은 여전히 금기로 남아 있기 때문에 여성들은 가족이 있는 그들의 집을 떠나지 않고 할 수 있는 일이 필요하다. 따라서 에미리트 여성들은 종종 정규 근무시간 외에 일을 하거나 집에서 멀리 떨어져 하룻밤을 자야 하는 출장을 떠나는 일에 어려움을 느낀다.

현지 여성을 수용하기 위해 필요한 조치를 적극적으로 취하는 기업들은 종종 에미리트 여성들이 일을 통해 야망 있고, 근면하며, 열정적인 모습을 보여 주고, 그에 따라 회사에 소중한 자산이 되면서 자신들의 노력이 보상받는 것을 느낀다. 신체 접촉은 여전히 피해야 하지만, 아랍에미리트에서 일하는 다른 나라의 이슬람 여성이 기업에서 맡는 역할은 남성의 역할과 거의 다르지 않다. 남성 방문객은 이슬람 여성과 우연히 부딪치는 일이 없도록 군중 속에서 조심스럽고 점잖게 행동하는 습관을 길러야 한다. 또 엘리베이터를 같이 타는 경우에는 시선을 조심스럽게 피해야 한다.

관리자 위치의 서양 여성은 남성 동료에게 종종 무심코 무시 받는 일에 익숙해져야 한다.

다소 남성다움을 과시하는 석유 탐사 산업이 비즈니스 세계의 많은 부분을 차지하고, 또 대개 여성이 여전히 집에 머물러야 하는 나라에서 온 남성 이주노동자들의 대부분의 일을 맡아 하고 있다. 이러한 남성들은 고위직의 직장 여성이라는 개념에 잘 공감하지 못할 것이다. 남성 동료들은 우스운 농담을 하며 대화하지만, 여성이 똑같이 농담을 하면 남성들이 당황스러워하는 것을 볼 수 있다. 남학생과 대화하는 젊은 여성 대학교수의 경우, 학생들에게 존중받을 수 있는 가장 좋은 방법은 대화의 톤을 점잖게 유지하고, 학생들이 친족이 아닌 다른 성의 이성과 대화하는 것에 익숙하지 않다는 것을 기억하는 것이다.

【 에미라티제이션 】

외국인 노동자는 그들의 전문성으로 높이 평가받고 있지만, 정부는 '에미라티'라고 불리는 자국민의 고용을 확대하는 '에미라티제이션' 정책을 통해 가능한 경우 언제든지 이들 외국인을 아랍에미리트인으로 대체하고 싶어 한다. 여기에는 그럴 만한 이유가 있다. 외국인은 들어왔다 떠나지만, 원자력 분야와 같은 일부 산업은 장기적인 계획에 헌신적으로 일할 직원이 필요하다. 하지만 에미라티제이션의 부작용은 자격이 되지 않는 에미리트인이 최고의 일자리를 얻게 되기를 기대하는 자격 문화를 형성할 수 있다는 점이다.

에미라티제이션이 시행되면, 보다 많은 월급을 받는 에미리트인은 뒤로 물러나 한가한 일을 더 많이 차지하는 반면 외국인 노동자가 상당량의 일을 대신 맡게 되면서 이들 노동자들 사이에 분노가 쌓일 수 있다. 그러나 에미리트인은 민간부문의 기업보다 더 높은 급료와 더 많은 휴일 수당을 제공하는 정부에서 일자리를 구하는 데 더 큰 관심을 보이고 있다. 에미리트인이 민간 분야에서 일하게 될 때는 고용인보다 사업 파트너로 일하는 경우가 많다.

경제 자유 구역

아랍에미리트 정부는 경제에 가급적 간섭하지 않으며, 보통 외국인 투자자가 자신들의 사업체를 설립하는 일은 어렵지 않다. 에미리트의 사업 파트너와 일하기보다 자신들의 사업에 100퍼센트의 소유권을 갖고 싶은 사람은 45개의 지정된 아랍에미리트 자유 구역 중 한 곳에서 허가를 받아 사무실을 개설할 수 있다. 이 자유 구역은 더 간소한 설립 과정과 노동 및 이민 절차를 통해 외국인 투자를 장려할 목적으로 만들어졌다. 각 자유 구역은 개별적 권한과 법이 있다. 두바이의 20개 구역에는 (의료 스타트업을 위한) 두바이 의료 시티와 두바이 스튜디오 시티(영화제작 중심지), (기술 회사를 위한) 두바이 인터넷 시티, (CNN과 다른 대형 뉴스 기업들의 중동 지사가 위치한) 두바이 미디어 시티 등이 있다. 이러한 중심지를 통해 외국의 혁신 기업을 아랍에미리트로 불러들여 두바이가 만들기를 바라는 미래의 지식기반 경제를 활성화할 수 있을 것으로 기대된다.

09

의사소통

아랍에미리트는 전 세계 모든 나라 가운데 99퍼센트의 가장 높은 소셜미디어 보급률을 가지고 있다. 대부분의 에미리트인은 적어도 두 개의 전화를 가지고 있으며, 하나는 가족과 통화하는 용도고, 다른 하나는 업무나 친구와 대화하기 위한 것이다. 많은 사람들은 이 사회적 연결성을 에미리트 사회의 축복이자 저주로 여긴다.

통신 혁명

아랍에미리트의 유일한 두 이동통신 회사인 에티살랏과 두는 정부 자회사가 발행주식의 과반수를 소유하고 있다. 두 회사에서 안정적인 서비스를 제공하지만, 이러한 독점으로 광대역 요금과 TV 수신료, 핸드폰 서비스가 비교적 비싸다. 방문객은 종종 수십 킬로미터가 떨어진 사막에서도 인터넷 연결이 되는 것에 놀라기도 한다.

문화와 보안상의 이유로 일부 해외 인터넷 사이트에 접속되지 않으며, 외국인 방문객에게는 다소 불만스러운 일이지만 스카이프와 왓츠앱 비디오 서비스가 간헐적으로만 연결된다. 때때로 보안상의 이유로 중단되기도 하고, 또는 사이트에서 나오는 내용이 외설적이기 때문에 차단되기도 한다. 성적인 내용의 콘텐츠는 제한되지만 폭력물은 보통 허용된다. 접속 차단으로 전체적으로 불쾌감을 주지 않는 다른 사이트에 대한 접속이 종종 끊어지기도 한다.

온라인 스트리밍 기업인 넷플릭스가 현재 많은 인기를 끌고 있으며, 정부에서 종종 접속을 차단하기도 하지만 사람들은 VPN 네트워크를 통해 TV쇼도 시청한다.

영화관에서 영화를 보는 일은 대중적인 여가 활동이지만, 젊은 관람객들은 영화가 상영되는 동안 수다를 떨거나 핸드폰을 가지고 놀기도 한다.

미혼 남성과 여성이 만나는 것에 대한 강한 금기는 핸드폰이 대중화되면서 사람들이 서로 메시지를 보내거나 블루투스 기술을 사용하여 적절한 거리를 두고 대화를 시작하고 이어갈 수 있게 되면서 바뀌고 있다.

소셜미디어

훗스위트와 위아소셜의 2017년 보고서에 따르면, 카타르와 함께 아랍에미리트는 전 세계 모든 나라 가운데 99퍼센트의 가장 높은 소셜미디어 보급률을 가지고 있다. 대부분의 에미리트인은 적어도 두 개의 전화를 가지고 있으며, 하나는 가족과 통화하는 용도고, 다른 하나는 업무나 친구와 대화하기 위한 것이다. 많은 사람들은 이 사회적 연결성을 에미리트 사회의 축복이자 저주로 여긴다.

사진과 동영상을 공유하는 네트워크도 크게 인기를 끌고

있다. 연방 통계청의 2017년 설문조사에 따르면, 에미리트인의 96퍼센트가 왓츠앱을 이용하고, 78퍼센트가 인스타그램, 62퍼센트가 스냅챗을 사용하는 것으로 나타났다. 페이스북은 외국인 거주자들에게 더 많은 인기가 있다.

에미리트의 소녀들은 온라인에 사진을 올리는 것을 좋아하지만, 대부분은 특정한 사진이 잘못된 손에 들어가거나 정숙함에 대한 그들의 평판이 나빠지지 않도록 조심한다. 결혼 전의 관계는 여전히 금지되며, 독신의 에미리트 남성(또는 그의 어머니)은 장래의 신부가 좋은 평판을 유지하고 있는지 확인하기 위해 소셜미디어에서 검색한다.

일부 젊은 남성의 경우, 소셜미디어는 부정한 관계를 찾는 하나의 수단이다. 몇몇 남성은 데이트 소개 앱인 틴더를 이용하는데, 아랍에미리트에서는 부유한 페르시아 만 아랍 남자들과 관계를 갖는 데서 금전적인 가치를 찾는 상당수의 매춘부와 여러 외국인 여성들이 이 앱을 사용한다.

미디어

최근에 아랍에미리트는 영화제작자에게 큰 인기를 얻고 있다. 〈스타워즈〉와 〈분노의 질주〉와 같은 블록버스터 영화는 모두 아부다비에서 촬영되었으며, 두바이는 몇 편의 성공적인 발리우드 영화뿐 아니라 〈스타트렉 비욘드〉의 촬영지였다. 국내 미디어 산업을 양성하기 위해 아부다비는 영화 제작사와 앱 개발자를 셰이크 자이드 그랜드 모스크가 내려다보이는 투포피프티포 미디어 구역에서 맞이했다. 두바이 영화 축제는 매년 수백 편의 아랍 제작 영화를 소개하고 국제적인 스타를 레드 카펫으로 초대한다.

또한 아부다비는 TV 분야에도 진출하고 있다. 2012년에 아부다비에서 출범하고 아부다비 미디어 투자회사가 50퍼센트의 지분을 소유한 〈스카이뉴스 아라비아〉가 중동과 북아프리카에 방송되고 〈내셔널지오그래픽 채널〉의 아랍어 공식 방송인 〈내셔널지오그래픽 아부다비〉가 2009년에 시작되었다.

가장 평판이 좋은 영자신문은 영국 〈텔레그래프〉의 전 편집자가 설립한 아부다비 기반의 〈더 내셔널〉이며, 현지 및 지역의 가장 신뢰할 수 있는 소식을 전한다.

다른 곳과 마찬가지로 대부분의 아랍에미리트 사람들은 현재 소셜미디어를 통해 뉴스를 접하며, 이에 따라 유감스럽게도 자신들의 편향된 성향을 반복해서 전하는 편파적인 보도에 노출되고 있다. 미디어법에서는 언론이 아랍에미리트의 경제에 타격을 줄 수 있는 소식을 보도하는 것을 금지하며, 따라서 언론의 시각은 불가피하게 경제 전망을 장밋빛으로만 비추고 있다.

결론

아랍에미리트의 에미리트인 문화는 한마디로 꼬집어 말하기 힘들며, 대다수의 방문객과 외국인 공동체 모두에게 뚜렷이 구별되지 않는 문화로 여겨진다. 에미리트 문화를 파악하기 위해서는 단순한 관광지 너머를 그려 볼 수 있어야 하고 현지 사람들과 관계를 맺으려는 노력을 해야 한다.

아랍에미리트는 과거와 현재를 모두 마주하고 있는 나라다. 사회가 미래로 빠르게 나아가고 있는데도 전통과 과거의 문화적 관행에 대한 진심 어린 깊은 존중이 계속해서 남아 있다. 에미리트인은 자신들의 종교적 관점을 바꾸지 않은 채 대안적 형태의 사고를 이해하고 받아들임으로써 이러한 과거와 현재의 조화를 매혹적인 방식으로 구현하고 있다. 2020년 엑스포가 곧 열릴 예정인 가운데 아랍에미리트는 빠른 속도로 도시 개발을 이어가고 있다.

아랍에미리트의 젊은 여성이 기업과 정부의 책임 있는 자리를 차지하고 두바이와 아부다비가 국제적인 비즈니스 중심지로 명성을 쌓아가고 있는 지금보다 아랍에미리트를 방문하기에 더 흥미로운 때는 없었다. 2017년에는 아부다비 루브르 박물관을 개장했으며 아랍에미리트는 문화적으로도 이름을 널리 알리고 있다. 또 수십억 달러의 테마파크가 레저산업의 중심으로 지역 개발의 일부를 책임지고 있다.

아랍에미리트가 전 세계에 수출하는 가장 큰 수출품은 더 이상 석유가 아니다. 대신 전쟁과 실업, 정치적 분쟁으로 고통에 시달리는 중동의 이웃 나라에게 빛을 비춰 주는 희망이다. 아랍에미리트가 현재 받아들이고 있는 기술이 포스트 오일 경제에 안정적인 기반을 제공할 것이라는 믿음과 동등한 입장은 아니지만, 평화롭게 문화가 서로 공존할 수 있다는 믿음에 희망이 있다.

2017년 국제 여성의 날을 맞이하여 아부다비의 왕세자가 아랍에미리트의 미래에 대해 다음과 같이 말했다.

"저는 앞으로 다가올 50년에 대해 무척 낙관적입니다. 비록 우리가 다양한 도전에 직면하고 서로 다른 시각을 가진 지역에 함께 살고 있지만 저는 아랍에미리트가 어둠 속의 한 줄기 빛과 같다고 확신합니다. 제가 과장하는 것이 아닙니다. 저는 숫자를 인용하고 있고, 숫자는 거짓말을 하지 않습니다. 직면하고 있는 문제와 관계없이, 아랍에미리트는 중동 지역의 바람직한 모델입니다. 지난 60년 동안 중동에서 세계의 다른 지역으로 얼마나 많은 긍정적인 메시지를 보냈을까요? 여러분의 국가는 지금 전 세계에 긍정적인 메시지를 보내는 일을 매일 하고 있습니다."

Al Fahim, Mohammed. *Rags to Riches: A Story of Abu Dhabi*. Dubai: I.B. Tauris, 1998.

A revealing account of the changes that have occurred in Abu Dhabi through the twentieth century through the eyes of a boy who is now one of Abu Dhabi's most revered Emirati businessman.

Gargash, Maha. *The Sand Fish: A Novel from Dubai*. New York: Harper Perennial, 2009.

This novel, about a rebellious girl who is born into an Emirati mountain tribe, brings to life, with historical accuracy, what it was like to live in the UAE before the oil boom.

Heard-Bey, Frauke. *From Trucial States to United Arab Emirates: A Society in Transition*. London and New York: Longman, 1997.

This German author knows more about the history of the UAE than almost anyone else alive today. She worked at Abu Dhabi's Center for Documentation and Research, and still lives in Abu Dhabi.

Henderson, Jocelyn. *The Gulf Wife, a Memoir*. Dubai: Motivate Publishing, 2014.

A memoir of the wife of British diplomat Edward Henderson, depicting how the UAE has changed through the decades.

Holton, Patricia. *Mother Without a Mask: A Westerner's Story of her Close Relationship with a Royal Emirati Family*. London: Kyle Cathie, 2004.

A semi-autobiographical account of a British woman's heart-warming friendship with members of the Abu Dhabi royal family through the decades.

Khateeb, Ahmed Mansour. *Sand Huts and Salty Water, The Story of Abu Dhabi's First Schoolteacher*. Abu Dhabi: MAKAREM LLC, 2016.

This is the autobiographical story of Abu Dhabi's first schoolteacher, and the colorful description of Abu Dhabi as a sleepy village he first arrived in back in 1958.

Morton, Quentin Michael. *Keepers of the Golden Shore A History of the United Arab Emirates*. London: Reaktion Books Ltd, 2016. One of the few comprehensive history books of the UAE.

Unnikrishnan, Deepak. *Temporary People*. Abu Dhabi: Restless Books, 2017.

A collection of surreal stories about the guest workers of the UAE.

유용한 웹사이트

www.thenational.ae for news and commentary about the UAE

www.abudhabi.ae is the official government portal of Dubai government.

https://abudhabievents.ae to find out what festivals, concerts, sports events, and exhibitions are on in Abu Dhabi Emirate.

https://www.visitdubai.com/en/ for an A-Z of what visitors can enjoy in Dubai.

지은이

제시카 힐

제시카 힐은 프리랜서 언론인이다. 서식스대학에서 현대사를
전공했고, 브라이트대학의 신문저널리즘 학과에서 NCTJ 과정
을 수료했다. 2011년 아부다비로 이주해 아랍에미리트에서 가
장 인기 있는 영자신문인 〈더 내셔널〉 지에서 일했다. 현재 영
국의 콜체스터에 살며, 〈더 내셔널〉 지에 정기적으로 기고하
고, 업무를 위해 종종 아랍에미리트를 방문한다.

존 월시

존 월시는 태국의 방콕에 있는 친나왓대학의 마케팅 및 커뮤
니케이션 학과의 조교수다. 옥스퍼드대학에서 국제경영학에
대한 연구로 박사학위를 받았다. 유수 매체에 폭넓은 글을 썼
고, 여러 백과사전 제작에 참여했으며, 미디어 및 컨설팅 업무
를 수행했고, 비학술 분야에서 다양한 책을 출판했다. 수단과
그리스, 한국, 호주, 아랍에미리트에서 거주하며 일했고, 현재
는 방콕에 살고 있다.

옮긴이

조유미

한국외국어대학교 통번역대학원에서 번역을 공부했고, 다년간
연구소와 기업체에서 번역 업무를 담당했다. 현재 번역 에이전
시 엔터스코리아에서 출판 기획 및 전문 번역가로 활동하고 있
다. 역서로는『세계 문화 여행_싱가포르 : 세계의 풍습과 문화가
궁금한 이들을 위한 필수 안내서 』가 있다.

세계 문화 여행
시리즈

『세계 문화 여행_아랍에미리트』는 아랍에미리트의 사회와 문화 속으로 당신을 안내해줄 유용한 가이드북이다. 사업 때문에 아랍에미리트를 방문하든 단순한 여행이든, 이 책은 당신이 아랍에미리트에서 더욱 풍성하고 기억에 남는 시간을 보낼 수 있도록 도와줄 것이다. 이 책에는 다음과 같은 내용이 담겨 있다.

- 아랍에미리트 현지 풍습과 전통
- 역사와 종교, 정치가 미친 영향
- 에미리트인의 가정생활, 직장생활 그리고 여가
- 아랍에미리트식으로 먹고 마시기
- 아랍에미리트에서 해야 할 일, 하지 말아야 할 일, 금기시되는 일들
- 사업 관행
- 의사소통

이 밖에도 예상치 못한 상황에 대처하도록
도와줄 실용적인 팁이 가득하다.

값 11,500원

04900
9 791191 307009
ISBN 979-11-91307-00-9
ISBN 978-89-8445-911-3
(세트)

* 시그마북스는 ㈜시그마프레스의 자매회사로 일반 단행본 전문 출판사입니다.